Mon amie Anne Frank

Illustration de couverture :
Annette Marnat

Alison Leslie Gold

Mon amie Anne Frank

Traduit de l'anglais (États-Unis)
par Laurence Kiefé

BAYARD JEUNESSE

Ce livre est dédié aux enfants et aux petits-enfants
de Hannah Pick-Goslar, ainsi qu'au gendre de Hannah,
Shmuel Meir, maire-adjoint
de Jérusalem, mort tragiquement
le 3 décembre 1996.
Il est également dédié à Miep Gies,
qui a protégé Anne Frank.

Ouvrage publié par Scholastic Inc.,
555 Broadway, New York, NY 10012, USA.
Sous le titre : *Memories of Anne Frank : Reflections of a childhood friend*

3, rue Bayard, 75008 Paris
ISBN : 2-7470-1746-X
Dépôt légal : juin 2005
Loi 49-956 du 16 juillet 1949 sur les publications destinées à la jeunesse.

Note de Hannah Pick-Goslar

L'histoire de mon amitié de jeunesse avec Anne Frank est importante, tant pour les enfants que pour les adultes. Mais pour évoquer une fois de plus ces souvenirs douloureux et raconter cette période épouvantable, même avec le soutien de l'écrivain Alison Leslie Gold, il fallait que j'aie une bonne raison.

Dans son journal, à la date du 27 novembre 1943, Anne se demandait pourquoi elle avait été choisie pour vivre alors que moi, Hannah Goslar, j'allais sans doute mourir... Ironiquement, c'est le contraire qui s'est produit : je suis une grand-mère heureuse, alors qu'Anne est morte. Voilà pourquoi je me sens aujourd'hui obligée de parler de mon amie. Anne Frank voulait être célèbre pour continuer à vivre après sa mort. En racontant tout ce dont je me souviens, je veux contribuer à exaucer son vœu, même si elle n'avait jamais rêvé d'une telle renommée.

J'ai tenté de retrouver des souvenirs précis, malgré toutes ces années qui se sont écoulées ; Anne et moi, nous sommes devenues amies il y a plus de soixante ans, et ma mémoire a pu me jouer des tours. Les mots exacts me sont parfois revenus, parfois non, mais ce qui est relaté dans ce livre est aussi fidèle que possible à cette époque. Bien sûr, je ne pouvais pas imaginer que le monde entier s'intéresserait autant à la jeunesse d'Anne. Si j'avais su, j'aurais essayé de mieux fixer les choses dans mon esprit. Quand nous étions enfants, Anne était une petite fille comme les autres. Elle était néanmoins très mûre pour son âge et avait une écriture déjà maîtrisée.

Mme Kuperus, notre ancienne directrice, m'avait dit qu'à ses yeux, un enfant que l'on coupe du monde, de ses amis, de la nature, des fleurs, des animaux, qui vit tellement loin de la réalité, avec des gens plus âgés qu'elle, comme Anne a vécu le temps de sa clandestinité, se développe plus vite qu'il ne l'aurait fait dans des conditions normales. Elle avait sans doute raison.

Dans son journal, Anne révèle sa personnalité profonde, qui serait restée méconnue si ce témoignage n'avait pas été miraculeusement conservé. Mais le journal s'arrête en plein milieu, un matin, quand mon amie et ceux avec qui elle se cachait sont arrêtés par les nazis. Ce livre complétera ce qu'on sait d'Anne Frank, en racontant ce qui lui est réellement arrivé après, dans les camps – aussi terrible que cela ait été.

Jérusalem (Israël)

Chapitre 1

Le mardi 7 juillet 1942 au matin, alors qu'il avait plu sans arrêt la veille, le soleil brillait sur Amsterdam et Hannah Goslar avait mis une robe d'été. L'année scolaire était terminée, la cérémonie de remise des diplômes avait eu lieu le vendredi précédent. Les journées étaient longues et le ciel des Pays-Bas rempli de gros nuages pommelés.

Mme Goslar avait cousu sur le corsage de Hannah, juste au-dessus du cœur, l'étoile à six branches que tous les Juifs étaient obligés de porter. Généralement, arborer l'étoile de David rendait Hannah fière d'être juive ; mais, depuis que les Allemands, après avoir envahi les Pays-Bas, arrêtaient et persécutaient les Juifs, avec cette étoile elle se sentait aussi voyante qu'une cible dans un stand de tir.

À treize ans, Hannah Goslar aimait s'amuser, tout en étant très croyante. Elle se rendait deux fois par semaine à l'école hébraïque et à la synagogue. C'était une grande bringue à la peau laiteuse qui brossait ses cheveux bruns aux reflets acajou avec tant d'énergie qu'elle en faisait jaillir des étincelles.

On disait de Hannah qu'elle avait de beaux cheveux et de beaux yeux.

Ce matin-là, elle partait voir son amie Anne Frank. Anne avait la langue bien pendue et pouvait même se montrer insolente. Elle adorait rire. Elle s'intéressait beaucoup plus à ses amis, filles et garçons, qu'aux cours d'hébreu. Ces derniers temps, un fossé s'était creusé entre Hannah et Anne. Parce que la guerre faisait rage et qu'elles avaient treize ans, la vie n'était plus aussi simple qu'au temps où elles étaient des petites filles assises côte à côte à l'école.

Avant de quitter la maison, Hannah alla embrasser son père. À cause de la nouvelle loi qui interdisait aux Juifs la quasi-totalité des professions, M. Goslar n'avait plus le droit d'exercer son métier d'économiste. Ce qui signifiait qu'il n'avait plus de ressources pour faire vivre sa famille. Il gagnait difficilement sa vie en faisant quelques traductions, en donnant des consultations à d'autres réfugiés et, plus récemment, en fabriquant des glaces avec un Italien, M. Giroudi, qui allait les vendre sur une petite charrette.

Ils avaient dû déménager dans un bâtiment sur le

Zuider Amstellaan, près de l'endroit où vivaient les grands-parents de Hannah. Ce n'était pas loin de leur ancienne demeure, où habitaient encore les Frank.

M. Goslar avait achevé ses prières du matin depuis un certain temps et buvait un café.

– La vie a perdu toute saveur, déclara-t-il. Ce café n'a aucun goût. Les nazis volent tout ce qui est bon pour l'envoyer en Allemagne.

Il reprit la lecture de son journal et Hannah vit à quel point il était inquiet. Depuis que l'Allemagne avait envahi les Pays-Bas, ses parents se tourmentaient nuit et jour. Et, maintenant que les nazis arrêtaient les Juifs, ils étaient encore plus anxieux.

Hannah embrassa sa petite sœur, Gabi, avant d'aller retrouver sa mère.

Mme Goslar, une jolie femme cultivée qui savait le latin, le grec et l'anglais, se trouvait sur le balcon surplombant le jardin et aidait Irma, une jeune réfugiée, à secouer le tapis usé jusqu'à la corde par-dessus la balustrade. Irma occupait une petite chambre de leur appartement et était censée aider Mme Goslar en échange du logement et de la nourriture. Mais, comme elle était un peu arriérée, Mme Goslar devait lui donner un coup de main même pour les tâches les plus simples.

Mme Goslar était souvent d'humeur irritable. Elle rêvait secrètement de retourner en Allemagne, où ils vivaient autrefois. Elle regrettait les épais tapis persans, le café fort et surtout la langue allemande.

Elle attendait un bébé et, déjà, Hannah ne parvenait plus à refermer ses bras autour d'elle. Hannah racontait toujours tout à sa mère. Si elle lui rapportait quelque bêtise qu'avait affirmée Anne, Mme Goslar concluait : « Dieu sait tout, mais Anne en sait bien davantage. » Et elles riaient toutes les deux parce qu'Anne était une Miss Je-sais-tout qui trouvait bizarre que Hannah se confie si librement à sa mère.

Alors que Hannah partait, Mme Goslar lui demanda d'emprunter la balance de Mme Frank ; elle en aurait besoin car elle avait l'intention de faire de la confiture de fraises, M. Frank lui ayant donné de petits sachets de pectine fabriqués par sa société.

– Sois prudente, Hanneli ! Les Allemands ramassent les Juifs dans la rue pour les envoyer Dieu sait où.

Chapitre 2

Hannah avançait d'un bon pas sur le trottoir bordé de vieux arbres. Des douzaines d'Amsterdamois, roulant sur leur bicyclette noire, partaient au travail. La rue grouillait de soldats allemands. Leurs gants glissés dans le ceinturon, leur arme en bandoulière, ils scrutaient d'un regard dur le visage de tous les passants. Mais, grisée par la lumière du soleil et la fraîcheur de l'air, Hannah oubliait le danger et avait envie de déployer ses ailes, comme un bel oiseau.

Elle retrouva son amie Jacque, et elles se dirigèrent vers l'immeuble où vivait Anne. Pendant neuf ans, jusqu'au déménagement des Goslar, les deux familles avaient été voisines. Anne et Hanneli s'interpellaient d'une fenêtre à l'autre. Hannah espérait qu'elles réussiraient à aplanir leur différend, cet agacement mutuel qu'elle avait du mal à cerner.

Hannah siffla les deux notes qu'Anne et elle

sifflaient depuis des années. Après avoir rapporté la balance, elle reviendrait ici en courant ; elle voulait tout savoir de la soirée-pyjama qu'elle avait manquée pour aider sa mère à s'occuper de Gabi. Ensuite, elles feraient peut-être une partie de Monopoly.

Pourquoi ne s'entendaient-elles plus aussi bien ? Ces derniers temps, Anne s'était rapprochée de Jacque. Bien que réservée, Jacque était plus mûre que les autres. Et puis, Anne tombait follement amoureuse de plusieurs garçons à la fois. Hannah, elle, avait un petit ami, Alfred Bloch, qui avait trois ans de plus qu'elle. Il était le neveu du rabbin et vivait avec lui.

Hannah n'aurait pas dit qu'elle était follement amoureuse d'Alfred, mais c'était bel et bien son petit ami. Quand ils étaient ensemble, elle avait les joues brûlantes et il lui avait avoué ressentir la même chose. Récemment, Hannah s'était trouvé une nouvelle amie, Ilse Wagner. Elles allaient ensemble à la synagogue.

Chez Anne, personne ne vint ouvrir. Elles sonnèrent une deuxième fois.

Les membres de leur club de ping-pong avaient passé la nuit chez Anne quelques jours plus tôt. Le club s'appelait La Petite Ourse Moins Deux. Elles avaient ajouté « moins deux », parce que la constellation comptait sept étoiles alors qu'elles n'étaient que cinq filles. Au moment de se coucher, Anne leur avait montré qu'elle portait un vieux soutien-gorge de sa sœur Margot copieusement bourré de coton. Elles avaient toutes pouffé de rire.

Jacque n'avait nul besoin de telles ruses ; elle était beaucoup plus développée. Durant ces soirées, la conversation tournait souvent autour de ce qui se passait dans l'intimité entre hommes et femmes. Si les bébés ne sortaient pas par le ventre, alors par où ? Quand elles discutaient de sujets pareils, ça se terminait toujours par des crises de fou rire.

Elles sonnèrent une troisième fois avec impatience. Anne ne mettait jamais si longtemps à répondre.

Rien.

Elles allaient renoncer lorsque M. Goldschmidt, le célibataire qui louait une chambre chez les Frank, leur ouvrit enfin. Hannah lui expliqua que sa mère l'envoyait emprunter une balance et que Jacque et elle venaient voir Anne.

Le soleil leur chauffait le visage et les bras. Les Frank étaient-ils sortis ? En tout cas, ils n'étaient pas allés nager puisque l'accès des piscines municipales était interdit aux Juifs.

– Vous n'êtes pas au courant ? s'étonna M. Goldschmidt. Ils sont partis hier pendant qu'il pleuvait.

Je crois qu'ils se rendaient en Suisse. M. Frank a des associés là-bas et sa mère y habite. C'est sûrement là qu'ils sont allés.

Hannah et Jacque échangèrent un regard incrédule. M. Goldschmidt ouvrit la porte en grand pour qu'elles vérifient de leurs propres yeux. Tout était comme d'habitude : les meubles et les objets des Frank à leur place. La table de la salle à manger n'était même pas débarrassée.

Hannah prit la balance puis, avec Jacque, elle traversa le salon pour aller dans la chambre d'Anne, saisie d'appréhension. Anne les aurait prévenues si elle avait eu l'intention de partir. Et d'ailleurs avait-elle emporté ses cahiers ?

Elle regarda sur l'étagère, et, oui, les cahiers remplis de photos de stars de cinéma et d'enfants royaux avaient disparu. Ainsi que le journal à couverture rouge qu'Anne avait eu pour ses treize ans. Il manquait quelques vêtements, le matelas était à nu, mais pratiquement tout le reste, y compris ses nouvelles chaussures et ses médailles de natation, était là.

Moortje – le chat d'Anne – pénétra sans bruit dans la chambre. Il fit entendre un long miaulement malheureux. Anne n'aurait jamais abandonné Moortje. M. Goldschmidt leur expliqua que les Frank avaient laissé une livre de viande pour le nourrir ; ensuite, il trouverait un voisin à qui le confier.

Les deux filles quittèrent la chambre et se dirigèrent vers la porte. Moortje s'arrêta sur le seuil et s'assit sur son arrière-train, attendant fidèlement de voir Anne surgir au coin de la rue.

Hannah sentit une vague de haine contre les nazis la submerger, bien que la haine et la violence fussent contraires à sa religion et à son éducation. Si les nazis n'avaient pas envahi les Pays-Bas, s'ils ne persécutaient pas le peuple juif, les Frank n'auraient pas fui ce pays qu'ils aimaient tant. Incapable d'endiguer ce flot de panique, elle fondit en larmes. Jacque et elle étaient abasourdies à l'idée que leur amie et toute sa famille avaient purement et simplement disparu.

Chapitre 3

Au moment où Hannah arrivait chez elle, la balance dans les bras, Alfred se précipita à sa rencontre.

– Je suis passé chez toi. Je venais te dire au revoir, dit-il d'un ton plein de nervosité.

Il avait reçu ordre des Allemands de se présenter au travail forcé et il partait pour l'Allemagne le jour même.

Où ça en Allemagne ?

Il l'ignorait, on l'envoyait sans doute dans un camp de travail.

Son oncle allait-il partir avec lui ?

Non. Son oncle, le rabbin, n'avait pas été convoqué. Il devait se présenter seul.

Alfred n'avait que seize ans et il était terrifié. Si seulement il pouvait fuir, en Espagne ou de l'autre côté des montagnes, en Suisse ! Si seulement il trouvait une cachette ou quelqu'un d'assez généreux pour accepter de le soustraire aux nazis ! Il avait beau s'efforcer de paraître courageux, la peur suintait de tout son être ; Hanneli aurait tant voulu l'aider.

Les larmes aux yeux, elle lui dit au revoir. Alfred promit d'écrire et ils convinrent de se retrouver après la guerre. Oui, elle le lui affirma, elle serait toujours sa petite amie quand il reviendrait.

Il s'en alla sans se retourner.

Au déjeuner, Hannah contemplait son sandwich sans le moindre appétit.

– Anne a de la chance ! s'exclama Mme Goslar. Si seulement nous trouvions le moyen de partir, nous aussi. On disparaîtrait, comme ça ! Qui sait si nous n'allons pas être ramassés et envoyés Dieu sait où dans des camps de travail forcé, comme ce pauvre Alfred ? Le rabbin doit être fou d'inquiétude.

Mme Goslar était très pâle, avec les yeux largement cernés. La disparition de la famille Frank la rendait encore plus nerveuse que d'habitude. Après tout, son mari et elle étaient des amis proches des Frank. Ils célébraient ensemble les fêtes religieuses et se voyaient souvent pour boire un café.

Dehors, il se mit à pleuvoir. M. Goslar sortit faire

sa visite régulière aux vieillards solitaires du Joodse Invalide Hospital.

Gabi ne voulait pas terminer son assiette et sa mère perdit patience. Irma s'y prenait très mal avec elle. Mme Goslar demanda à Hannah de s'en occuper pour qu'elle puisse boire un café et fumer une cigarette.

Gabi fermait la bouche dès qu'elle voyait approcher la cuillère. Hannah se mit à jouer à leur jeu habituel.

– Une cuillère pour moi.

Gabi ouvrit la bouche et avala.

– Une pour maman…

Gabi ouvrit de nouveau la bouche.

Avant qu'elle change d'avis, Hannah accéléra le rythme.

– Une pour papa.

Gabi ouvrit la bouche en grand.

– Encore une pour moi !

Gabi referma la bouche parce que la règle du jeu, c'était de ne jamais mentionner deux fois la même personne.

– Une pour Alfred ! s'écria Hannah.

Les larmes lui montèrent aux yeux. Où allait-on l'envoyer ? Serait-il en sécurité ? Traité convenablement ?

Dehors, la pluie tombait à verse. Hannah lut à Gabi une histoire après l'autre. Sa matinée avait été tellement chargée qu'elle n'avait pas préparé son cours d'hébreu. Comment être une bonne élève alors qu'elle devait s'occuper de Gabi presque tout le temps ? Elle se sentait oppressée comme si un oiseau avait élu domicile dans sa poitrine.

Dans l'après-midi, elle aida sa mère à peser les grosses fraises pour la confiture. Au mur de la cuisine était accroché un carreau de céramique qu'Alfred avait peint pour elle. Il représentait le Mur des Lamentations à Jérusalem. Il lui en avait offert un autre sur lequel on voyait une cascade. Hannah était fière des cadeaux d'Alfred ; Anne les avait admirés, elle aussi.

Sa mère mit les fruits à cuire, y ajouta le sucre et la pectine. Les paysans vendaient toujours leurs fraises au mois de juin. Tous les ans à cette époque, Hannah et Anne recouvraient leurs tartines d'épaisses couches de confiture. On aurait dit qu'Anne allait débarquer, s'asseoir et faire une plaisanterie sur la maladresse chronique d'Hanneli.

Pour la faire rire, Anne se serait peut-être amusée à se déboîter l'épaule. Lorsqu'elle faisait cela, les gens en restaient le souffle coupé avant de s'esclaffer bruyamment. En tout cas, elles ne se seraient pas gênées pour goûter les fruits sucrés qui bouillonnaient sur le fourneau ; Anne se serait sans doute mise à bavarder à tort et à travers sur ses innombrables petits amis et Mme Goslar aurait hoché la tête en haussant les sourcils.

Chapitre 4

Lorsque ses parents vinrent lui souhaiter bonne nuit, Hannah se demanda s'ils lui cachaient quelque chose à propos de la famille Frank. Seraient-ils capables de lui mentir ? Sa mère lui rappela de mettre son appareil dentaire, qui lui redressait les dents pendant son sommeil.

Anne venait juste de disparaître et, déjà, Hannah avait toute une liste de choses à lui dire. Par exemple : Alfred avait reçu l'ordre de rejoindre une brigade de travail forcé et s'embarquait pour l'Allemagne. À quel point sa mère manquait de patience avec elle en ce moment. Anne comprendrait parce qu'elle-même se faisait souvent rabrouer par sa propre mère. Elle aurait voulu raconter à Anne l'échange de cartes qu'elle avait fait : une princesse Elizabeth d'York contre un prince Gustav.

Hannah prit l'album de photos familial sur l'étagère. Il s'ouvrait sur M. et Mme Goslar. Ils souriaient, ils étaient jeunes et venaient de se marier. On les voyait à Berlin, où ils avaient vécu jusqu'à ce que les nazis se soient emparés du pouvoir. Lorsqu'ils étaient arrivés aux Pays-Bas, Hannah avait quatre ans. Les Frank étaient venus de Francfort quand Anne avait quatre ans, elle aussi.

Il y avait des photos d'Amsterdam, des photos de Hannah et d'Anne seules ou avec des amis, à des âges différents. Il y avait une photo de Hannah avec ses parents et ses grands-parents.

Il y avait des photos de Gabi. Elle était née au moment où l'armée allemande envahissait les Pays-Bas, en 1940. En dépit de la guerre, tout le monde s'était réjoui de son arrivée.

Il y avait une photo de la maison dans laquelle les Goslar louaient des chambres l'été, sur les bords de la mer du Nord. Anne venait passer les vacances avec eux. C'était une petite pension blanche avec un toit de chaume noirci. Parce qu'on n'y mangeait que de la cuisine végétarienne, les filles avaient surnommé cet endroit la Maison Tomate.

Une fois, M. et Mme Goslar les avaient emmenées dans un parc d'attractions. Elles avaient environ huit ans. Elles s'étaient plantées devant les miroirs déformants qui les métamorphosaient en monstres de foire. Elles avaient beaucoup ri. Ensuite, elles avaient observé les potiers qui, après avoir tourné leur pièce, la mettaient à cuire dans un four. On leur avait acheté à chacune une petite tirelire en forme de cochon.

Ce soir-là, M. et Mme Goslar étaient sortis se promener et les filles étaient restées seules. Un orage épouvantable avait éclaté ; le tonnerre grondait ; les éclairs zébraient le ciel. Anne avait pleuré. Elle avait peur parce que ses parents étaient loin.

Maintenant, Anne était partie. Elle devait avoir peur. Comme Hannah, qui, pourtant, était dans son lit. Alfred bouclait sans doute son sac avant de dire au revoir à son oncle. Lui aussi avait peur. Ils avaient tous peur. Quand ils se réveillaient, quand ils s'endormaient ; ils sursautaient au moindre bruit. Et la situation ne cessait d'empirer.

La chambre était sombre. Bien que ce fût strictement interdit, Hannah risqua un œil derrière le store noir qui masquait la fenêtre. Les flaques d'eau brillaient dans la rue obscure. Les faisceaux des projecteurs éclairaient le ciel, à la recherche des avions ennemis. On entendait le ronronnement de leurs moteurs très haut dans le ciel. Les Anglais survolaient les Pays-Bas la nuit pour aller bombarder l'Allemagne. Son père lui avait expliqué qu'ils pilonnaient Cologne, une ville allemande sur le Rhin. Hannah songea qu'Anne, sa sœur aînée Margot, Edith et Otto Frank devaient traverser des montagnes dangereuses pour atteindre la Suisse, où ils seraient enfin en sécurité.

Comment franchiraient-ils les frontières contrôlées par les Allemands ? Allait-on les arrêter ? Et s'ils se faisaient prendre ? Seraient-ils abattus ? Se retrouveraient-ils dans un camp de concentration où les conditions de détention étaient, disait-on, épouvantables ?

Les projecteurs s'entrecroisaient dans le ciel, rayant les nuages de lueurs fantomatiques. On entendait au loin le bruit étouffé des batteries antiaériennes. Hannah se dit que, quel que fût l'endroit où se trouvaient les Frank, Anne devait avoir aussi peur que le soir où il y avait eu cet orage d'été, quand elles étaient petites.

Elle referma le store du black out et se glissa sous ses couvertures. La chambre était vraiment très sombre.

Chapitre 5

Sanne Ledermann était la présidente du club La Petite Ourse Moins Deux et Jacque, la secrétaire. Ilse Wagner, Hannah et Anne étaient les membres fondateurs.

Sanne avait grandi avec elles. Elle était calme, intelligente et toujours de bonne humeur. Ilse et Jacque avaient rejoint leur cercle récemment. Jacque avait une mère française qui travaillait dans une boutique de luxe, ce qui impressionnait beaucoup les autres. Ilse était une fille réservée et assez pieuse.

L'objectif du club, c'était bavardages et parties de ping-pong. Mais, depuis la disparition d'Anne, les réunions étaient moroses. Les filles se demandaient si Anne était déjà arrivée en Suisse. Elles imaginaient les Frank dans un train. Anne s'était-elle décoloré les cheveux pour avoir l'air moins juif? Elles craignaient surtout que les Frank se soient fait prendre.

Elles restaient assises à broyer du noir ; leur amie

leur manquait. Avant le départ d'Anne, le club s'était réuni une fois dans la salle à manger d'Ilse. Le matériel de ping-pong avait été adapté au format de la table. Comme il faisait très chaud, les joueuses n'étaient pas très courageuses. Elles avaient fini par s'écrouler dans des fauteuils.

Une des filles avait proposé d'ajourner la réunion pour aller s'offrir des glaces. Se tenant par l'épaule, elles étaient sorties en bande jusqu'à *L'Oasis*, un salon de thé-glacier tenu par un Juif et où les Juifs avaient encore le droit de se rendre. La plupart des restaurants, des pâtisseries, des hôtels, des parcs publics, des piscines municipales et presque toutes les boutiques leur étaient déjà interdits.

Elles avaient commandé pour douze cents de glace en surveillant du coin de l'œil si les beaux garçons du voisinage traînaient dans les parages.

Mme Frank offrait toujours des friandises aux amies d'Anne. Pour le réveillon du nouvel an, elle faisait des beignets. Hannah le savait parce que, depuis qu'Anne et elle se connaissaient, la tradition voulait qu'elles passent ensemble la dernière nuit de décembre, alternativement chez l'une ou chez l'autre. À minuit, les parents les réveillaient et ils écoutaient ensemble les cloches des églises carillonner pour saluer la nouvelle année. Si elles dormaient chez Anne, elles avaient ensuite droit aux beignets.

Lors de la dernière soirée-pyjama, Mme Frank leur avait justement préparé des beignets. En y repensant, Hannah se dit qu'à ce moment-là Anne ignorait qu'elle était sur le point de partir. Sinon, elle n'aurait pas fait comme si de rien n'était.

Les amies se promirent que, la guerre terminée et Anne revenue, le club se réunirait de nouveau. Anne leur raconterait alors tous les détails de sa dangereuse fuite en Suisse.

Chapitre 6

La situation empira au cours de l'été. Après avoir encerclé les rues misérables du vieux quartier juif d'Amsterdam, les soldats arrêtèrent quatre cents Juifs, qu'ils entassèrent dans des camions. Ensuite, on les embarqua dans des trains et ils disparurent.

Le soir, Hannah vérifiait deux fois si la porte était bien fermée. Elle vivait dans la terreur des coups frappés en pleine nuit. Pendant la journée, on entendait rugir les avions de Hitler. Par mesure de représailles, la Luftwaffe attaquait massivement l'Angleterre. Quand Hannah et Ilse se rendaient à la synagogue, elles voyaient des nuées de pigeons s'envoler dès que vrombissaient les bombardiers. Ceux-ci passaient au-dessus des nuages épais qui couvraient souvent le ciel d'Amsterdam.

Chaque semaine, M. Goslar découvrait dans le *Joodse Weekblad* de nouvelles lois antijuives. Pour épargner Hannah, il s'abstenait de tout commentaire.

Le soir, il discutait à voix basse avec sa femme de ces nouvelles injustices. Il oubliait que ces mêmes décrets étaient placardés dans les rues, où Hannah les voyait.

Les comptes en banque des Juifs étaient bloqués. On arrêtait arbitrairement tous les individus, juifs et non-juifs, qui s'opposaient au régime nazi. Ils étaient tabassés et insultés.

Par une chaude soirée, toute la famille était à table avec Irma et les grands-parents. Mme Goslar servait des pâtes à la margarine puisque le beurre était devenu introuvable. Il était impossible de cacher plus longtemps à Hannah la gravité de la situation. Selon la dernière loi en vigueur, les Juifs étaient autorisés à faire leurs courses uniquement de trois heures à cinq heures de l'après-midi. Quand tous les produits frais avaient déjà disparu.

Puis le rationnement commença. On ne pouvait plus acheter que de très petites quantités, en échange de tickets d'alimentation. Mme Goslar avait du mal à préparer des repas décents pour sa famille. Parfois, elle était même trop fatiguée pour sortir. Sa grossesse approchait de son terme et elle se sentait très lasse ; elle envoyait souvent Hannah faire les courses à sa place.

Un jour, alors que Hannah revenait de chez le marchand de légumes en avançant sur les pavés familiers disposés en chevrons, un couple âgé qu'elle connaissait de vue se fit arrêter sous ses yeux. Juste avant la guerre, ces gens avaient dépensé la totalité de leurs économies pour organiser le départ en Amérique de leurs enfants et de leurs petits-enfants. Ils étaient restés seuls et sans le sou.

– Vos papiers ! aboya un soldat.

Les passants traversèrent la rue ou s'éloignèrent en hâte. Qu'allait faire l'Allemand quand il verrait le « J » de Juif imprimé sur leurs cartes d'identité ?

– Suivez-moi ! cria-t-il après avoir examiné leurs papiers.

Il poussa le couple vers un camion. Comme le vieil homme n'avançait pas assez vite à son gré, il le frappa en pleine figure, faisant voler ses lunettes.

Hannah resta pétrifiée. Elle était blême, les jambes tremblantes, le cœur battant. Si seulement sa famille et tous les Juifs pouvaient fuir tant qu'il était encore temps !

Quelques semaines plus tard, les Allemands commencèrent à opérer des rafles surprises, des *razzias*. Non seulement dans le vieux quartier pauvre d'Amsterdam, mais également dans le sud de la ville, là où vivaient les Goslar.

Le père de Hannah apprit l'arrestation d'une famille qu'il avait connue à la synagogue. On les avait séparés les uns des autres avant de les déporter comme des esclaves.

« Et si je me retrouve séparée de papa et maman ? » songeait Hannah, terrifiée.

Sa mère lui raconta que les Juifs qui tenaient la boulangerie avaient tenté de fuir, mais on les avait rattrapés ; les gens de l'étage au-dessus étaient à la recherche d'une cachette, une adresse « sûre ». Une adresse « sûre », c'était un endroit protégé par des Hollandais qui acceptaient de risquer leur vie pour aider les Juifs. Mme Goslar se désolait que les Frank ne les aient pas emmenés avec eux.

La semaine suivante, M. Goslar rentra chez lui, presque joyeux.

– Regardez, dit-il en montrant des documents couverts de tampons officiels. J'ai eu de la chance. J'ai réussi à obtenir des passeports sud-américains.

Hannah était éberluée.

– Nous allons peut-être enfin pouvoir quitter l'Europe pour aller au Paraguay.

Devant l'air ahuri de Hannah, il alla chercher un atlas dans la bibliothèque. S'arrêtant sur une carte, il désigna un pays en plein centre de l'Amérique latine, dont la capitale s'appelait Asunción.

– Au cas où on te poserait la question, tu dois au moins connaître le nom de la capitale.

Puis il sortit un autre document d'allure officielle en expliquant que, grâce à la position élevée qu'il occupait autrefois en Allemagne, ils se trouvaient en haut des listes Palestine, pour émigrer vers la Terre Sainte. Il existait plus de quarante listes et ils étaient sur la deuxième.

– J'ai besoin d'un café, s'exclama Mme Goslar avec exubérance.

Tandis qu'il se dirigeait vers la cuisine pour lui en préparer une tasse avec le reste de vrai café qu'on gardait pour une grande occasion, Hannah l'entendit – pour la première fois depuis belle lurette – siffler un air de son concerto de Beethoven préféré.

Chapitre 7

L'été s'écoula. En septembre, les cours reprirent. Sans Anne, ce n'était plus pareil. Hannah allait à l'école avec d'autres amies, et tout le monde avait les nerfs à fleur de peau à cause des *razzias*. C'était bizarre de faire le chemin sans Anne. Les filles étaient gentilles, mais elle se sentait seule. Personne n'avait la verve d'Anne, personne ne savait la taquiner comme elle, et elle, elle n'avait plus personne à taquiner.

Hannah pensait souvent à la dernière fois où elles avaient fait ce trajet ensemble. C'était un vendredi de la fin juin, une journée très importante. Elles avaient quitté la maison un peu plus tôt que d'habitude parce que ce jour-là on affichait les résultats de leur examen. C'était la veille des vacances d'été.

Hannah s'interrogeait tout haut : oui ou non, ses notes seraient-elles suffisantes ? Anne, rejetant en arrière les épais cheveux noirs dont elle était si fière, lui affirmait qu'elles ne seraient pas pires que les siennes. Elle n'était pas inquiète, ses parents n'accordaient que peu d'attention à ses résultats scolaires. Puis d'autres élèves les avaient rejointes et elles avaient continué ensemble.

Un camion rempli de soldats était passé bruyamment devant cette bande de filles qui portaient toutes l'étoile jaune. Ces étoiles d'un jaune vif descendues droit de la Voie Lactée. Le vacarme des roues avait dispersé les mouettes, qui s'étaient envolées en poussant des cris stridents. Les passants s'étaient hâtés de filer, contraints de ravaler leur haine contre ces brutes.

Y avait-il des ennuis en perspective ? À la première alerte, les enfants juifs se précipitaient habituellement vers le Lycée juif de la rue Stadstimmertuinen.

Mais, après avoir traversé un pont, le camion s'éloigna en cahotant dans l'étroite rue pavée.

Hannah et Anne étaient admises dans la classe supérieure. Cependant, à cause de leurs mauvais résultats en mathématiques, elles devaient repasser un examen après les vacances.

Ces événements dataient du mois de juin et, aujourd'hui, tout cela paraissait très loin.

Pour se remonter le moral, les filles plaisantaient :

Anne devait être quelque part dans les Alpes suisses en train de déguster un chocolat chaud ; sans doute follement amoureuse d'un beau garçon, également fou amoureux d'elle. Et elles riaient.

Parfois, un homme portant l'emblème des partisans de Hitler, un piège à loup, regardait fixement leurs étoiles jaunes. Vu le tour que prenaient les événements, il devenait de plus en plus dangereux de quitter ses parents une journée entière. Anne avait peut-être bien fait de partir. Au moins, elle n'était plus coincée à Amsterdam, à la merci des nazis.

Les jours d'automne raccourcissaient. Le temps devenait humide et désagréable. On n'avait eu aucune nouvelle d'Alfred depuis son départ pour le travail forcé. Où qu'il fût, il n'avait pas le droit d'écrire.

Hannah se présenta seule à l'examen de maths qu'elles auraient dû passer ensemble, Anne et elle. Elle était très inquiète, et le réussit de justesse.

Tous les matins, Hannah examinait la salle de classe. Chaque semaine, deux ou trois places se vidaient. Lorsque le professeur appelait le nom d'une absente, il levait les yeux de son registre pour demander si quelqu'un avait des informations. Personne ne savait jamais rien. Tout ce qu'on pouvait dire, c'était qu'une autre camarade avait disparu – comme Anne Frank ; au bout d'une ou deux semaines, le professeur passait ce nom en faisant l'appel.

« Qui sera la suivante ? Moi ? Ma famille ? » se demandait Hannah. Tous les enfants se posaient la même question. Parfois, l'après-midi, elle voyait Jacque. Elle se sentait plus proche d'elle qu'avant. « Pourquoi j'étais si jalouse de Jacque ? » s'interrogeait-elle.

Le 14 juin, elles s'étaient réunies chez Anne pour son anniversaire. Hannah se souvenait très bien de cette fête : c'était le dimanche qui suivait le jour de sa naissance, en réalité le 12. Il faisait très chaud. Hannah avait mis sa plus jolie robe.

Heureuse, Anne contemplait la pièce pleine d'amis qui mangeaient, buvaient, bavardaient et s'amusaient. M. et Mme Frank remplissaient les assiettes d'une excellente tarte aux fraises, spécialité de Mme Frank, et servaient des verres de lait.

Ce jour-là, Margot était très belle. Aux yeux d'Anne et de Hannah, Margot incarnait la perfection. Elles enviaient ses lunettes d'adulte qui la rendaient encore plus jolie tout en lui donnant l'air intelligent. Margot était brillante, obéissante, calme et sérieuse. Elle était bonne en maths et bonne en tout. Contrairement à elles. Margot était le genre de fille que souhaite toute mère. Contrairement à elles.

Après le goûter, on avait tiré les stores pour projeter un film, en se servant du mur comme écran. Le film s'intitulait *Le Gardien de phare* et avait pour héros Rintintin, un berger allemand. Rintintin surgissait de nulle part pour sauver le gardien du phare et son enfant d'un terrible danger.

Depuis que les salles de cinéma leur étaient interdites, c'était le seul moyen pour les Juifs de voir des films. Les invités avaient bruyamment encouragé Rintintin à saisir le méchant à la gorge pour le forcer à se mettre à genoux – exactement ce qu'ils auraient souhaité faire aux nazis.

Anne aurait adoré avoir un chien comme Rintintin. Hannah ne voulait pas de chien ; elle en avait peur. Elle préférait voir courir l'animal sur l'écran plutôt qu'en vrai, prêt à bondir pour lui flairer les pieds. L'autre ennemi des chiens – le chat Moortje – avait quitté la pièce en remuant la queue d'un air dédaigneux.

Après le film, Hannah avait dû rentrer aider sa mère à s'occuper de Gabi, parce qu'Irma avait la migraine. Elle s'était mise en quête d'Anne pour lui dire au revoir, mais Anne avait disparu. Elle l'avait finalement trouvée en compagnie de Jacque. Tête contre tête, elles chuchotaient en gloussant. À l'arrivée de Hannah, le chuchotement avait cessé.

– Bonsoir, avait dit Hannah avant de souhaiter de nouveau bon anniversaire à Anne.

Celle-ci avait répondu qu'elles se retrouveraient le lendemain pour aller en cours, et Hannah était partie.

En repensant à cette chaude journée d'anniversaire, Hannah se dit : « Oui, j'étais jalouse de Jacque ! Je ne voulais pas partager Anne avec elle. Si j'avais su ce qui allait se passer, je ne me serais pas fait tant de souci. J'aurais été moins immature. »

Mais ses regrets arrivaient trop tard. Anne était partie.

Chapitre 8

Un soir, tandis que Hannah faisait la vaisselle, son père entra dans la cuisine. Il y avait eu une nouvelle rafle d'enfants de seize ans pour le travail forcé. Tous de l'âge d'Alfred Bloch et de Margot Frank. Leurs parents n'avaient pas été autorisés à leur dire au revoir, pas même du seuil de la maison. Les nazis l'avaient interdit.

M. Goslar poussa un soupir accablé. Hannah continuait à laver la vaisselle lentement, soigneusement. Son père gémit : « Ne savent-ils pas que la vie humaine est sacrée ? »

En allant se coucher, elle vit sa mère assise à la table de la cuisine, fumant cigarette sur cigarette. C'était très difficile de se procurer des cigarettes ; quant au café, que Mme Goslar aimait par-dessus tout, la ration qu'on lui allouait était si maigre qu'elle en était inexistante.

Drapé dans son tallith frangé de bleu et blanc, sa

kippa sur la tête, M. Goslar était absorbé dans ses prières. Lui qui ne fumait pas, il n'aimait guère voir sa femme avec une cigarette alors qu'elle était enceinte.

En octobre, il ne restait que très peu d'élèves dans la classe de Hannah. Elles changeaient de place pour se rapprocher les unes des autres. Un jeudi, leur professeur leur annonça une bonne nouvelle. D'après quelqu'un qui écoutait une radio interdite, les Allemands avaient été battus en Afrique du Nord.

C'était contraire à la loi de parler d'une défaite allemande, mais ce fut comme un rayon de soleil ; tous les enfants se redressèrent sur leurs sièges. Anne connaissait-elle la nouvelle, là où elle était ? se demanda Hannah.

En rentrant chez elle, encore sur un nuage, Hannah trouva par terre plusieurs tickets de rationnement de café. Elle les ramassa et courut les donner à sa mère. Le plaisir que lui procurerait cette précieuse boisson valait largement le danger que l'on courait à utiliser des tickets appartenant à d'autres.

C'est alors qu'une gigantesque *razzia* eut lieu dans le vieux quartier juif. Cette fois, non des centaines, mais des milliers de gens furent arrêtés et déportés. Mme Goslar pleurait.

– Nous serons les suivants, je le sais ! Si seulement Otto et Edith Frank nous avaient emmenés avec eux…

Mme Goslar était de plus en plus abattue.

Lorsque M. Goslar rentra, elle s'effondra en sanglots dans le canapé. Après l'avoir consolée, il lui conseilla de s'allonger. Puis il entreprit de creuser un trou dans le mur avec un couteau. Hannah l'aida à y enfouir des papiers importants et les bijoux de sa femme. Puis il reboucha le trou, qu'il dissimula derrière une tenture. Ensuite, il déchira des documents qui pouvaient s'avérer dangereux. Il les jeta dans les toilettes. À chaque poignée, Hannah tirait la chasse, et l'eau faisait disparaître ces papiers compromettants.

Par un jour glacial d'hiver, le professeur de Hannah tomba malade. Il fut remplacé par M. Presser, le professeur d'histoire. M. Presser parla d'abord de la Renaissance, cette période qui marquait la transition entre le monde médiéval et le monde moderne. Il enchaîna sur un écrivain italien qui s'appelait Dante.

Dante avait rencontré Béatrice pour la première fois en 1274. Béatrice avait été l'amour, le guide et l'inspiratrice de toute sa vie.

M. Presser se tut brusquement, incapable de continuer. La tête dans les mains, il se mit à sangloter. Sidérées, les élèves posèrent leur crayon et attendirent en silence.

M. Presser sortit un mouchoir de sa poche. Il se sécha les yeux, se leva et sortit de la salle. Les enfants ne bougèrent pas de leurs sièges. Au bout d'un moment, M. Presser regagna la classe et leur expliqua que sa femme avait été emmenée la veille au soir. Il les renvoya ensuite chez elles.

Le lendemain, M. Presser ne revint pas. Lui aussi, il avait disparu, et on trouva un autre professeur.

Au fur et à mesure que les Juifs disparaissaient, leurs biens étaient saisis et les nazis hollandais s'installaient dans les appartements vides. Un jour, ce fut le tour d'Ilse Wagner et de sa famille d'être arrêtées. La peur de Hannah grandit encore et Ilse lui manqua terriblement.

Chapitre 9

M. et Mme Goslar étaient dans la cuisine, occupés à traduire des documents juridiques en allemand pour un autre réfugié en échange de quelques gulden, quand on entendit une explosion. On bombardait la ville ? Personne n'aurait su le dire.

Si des bombes tombaient sur Amsterdam, la famille ne se rendrait pas dans un des abris publics parce qu'ils étaient interdits aux Juifs. Tout ce qu'ils pourraient faire, c'était prier. Il n'y eut pas d'autres explosions cette nuit-là, mais une nouvelle peur – la peur des bombes – était née. Une radio clandestine leur apprit qu'un avion britannique chargé de bombes incendiaires s'était écrasé sur l'hôtel Carlton, en plein centre-ville.

Quand les filles rentraient de l'école, des Hollandais remarquaient l'étoile jaune sur leurs manteaux et leur adressaient parfois des sourires de sympathie. Hannah passait régulièrement près du 37 Merwedeplein, où Anne avait vécu quand elle-même habitait au 31. Elles sifflaient dans la cour et s'interpellaient bruyamment, car hiver comme été, à l'automne et au printemps, portes et fenêtres restaient ouvertes.

À présent, les fenêtres des immeubles de brique brune, avec leur toit orange incliné, paraissaient hostiles. Les enfants juifs ne criaient plus et s'efforçaient surtout de ne pas se faire remarquer. Les gens parlaient en chuchotant, l'air perpétuellement apeuré.

Ce jour-là, lorsque Hannah rentra de l'école, elle trouva sa mère couchée et mal en point. Son père était penché sur elle. Hannah s'assit à son chevet.

– Le bébé s'annonce, lui dit sa mère.

Devant l'inquiétude de Hannah, Mme Goslar lui rappela qu'un accouchement pouvait être douloureux, mais que le jeu en valait la chandelle.

– N'aie pas peur, Hanneli chérie, ajouta-t-elle en embrassant sa fille, après tout, il a bien fallu que tu naisses, toi aussi ! Cela n'a rien d'effrayant !

La sueur lui collait les cheveux et trempait l'encolure de sa chemise de nuit. Comme il ne restait plus de café, Hannah prépara de l'ersatz de thé pour ses parents. Elle apporta les tasses avec des mains tremblantes. M. Goslar la remercia et but le breuvage bouillant. Mme Goslar souffrait trop pour boire mais demanda à Hannah de ne pas s'éloigner.

Elle s'excusa d'être parfois de si mauvaise humeur; ce n'était dû qu'à sa fatigue, elle espérait que Hannah l'avait compris.

– Oui, maman, la rassura Hannah.

La sueur mouillait également l'oreiller.

Enfin, l'infirmière arriva et ferma la porte de la chambre derrière elle. Histoire de passer le temps, Hannah se mit à compter et à recompter sa collection de bagues de cigares. Elle feuilleta sa collection de timbres. Elle sortit ses livres d'hébreu mais, au lieu de travailler, elle étala sur le sol les cartes des enfants de la famille royale d'Angleterre – la princesse Elizabeth d'York et la princesse Margaret Rose.

Les enfants de la famille royale néerlandaise étaient en exil en Angleterre avec la reine Wilhelmine. Beatrix, à quatre ans, était très mignonne. Il y avait une nouvelle princesse – Irene – plus jeune que Gabi. Comme elle était née à l'étranger, personne ne savait à quoi elle ressemblait.

Le prince Baudouin et le prince Albert de Belgique étaient tous deux très agréables à regarder. Le plus séduisant, c'était Carl Gustav de Suède, mais il était beaucoup trop jeune pour qu'on s'intéresse à lui.

De dehors, comme d'habitude, montaient des sifflements stridents et des martèlements de bottes cloutées. Les soldats défilaient dans les rues, coiffés de casquettes ornées d'insignes à tête de mort, leur arme serrée contre la poitrine.

Quel bonheur, l'arrivée de ce bébé ! Quel dommage qu'Anne ne soit plus là pour le voir ! Et désormais il y aurait huit bouches à nourrir, en comptant les grands-parents et Irma.

Lorsque son père vint lui souhaiter bonne nuit, elle comprit, à son expression, que sa mère n'allait pas bien. Il mit son châle de prières et pria toute la nuit. Hannah pria, elle aussi.

Au matin, son père vint l'embrasser et lui demanda d'aller à la synagogue parce que c'était le sabbat. Cet accouchement interminable l'inquiétait beaucoup. Le médecin était là. Hannah ne cessa de se faire du souci pendant l'office.

Quand elle revint chez elle, son père lui prit les mains.

– Maman est morte en couches. Et notre bébé est mort.

Les genoux de Hannah se dérobèrent. Elle faillit

s'effondrer. Son père la rattrapa et la serra de toutes ses forces dans ses longs bras osseux. Gabi se mit à réclamer son lait en pleurant.

Le temps passa, mais leurs larmes étaient intarissables.

Chapitre 10

Neige mouillée, arbres dénudés, pénurie de charbon. Le ciel d'hiver était en permanence voilé de gris. Toute joie avait disparu de leurs vies. Une nouvelle voisine s'était installée dans l'immeuble, une chrétienne mariée avec un juif. Elle s'appelait Maya Goudsmit et avait un faible pour Gabi. Elle aimait aussi beaucoup Hannah et lui disait toujours très gentiment bonjour lorsqu'elle la croisait dans le jardin.

Sans moyen de transport, le rendez-vous chez le dentiste était devenu un calvaire. Si Hannah n'avait pas porté un appareil qu'il fallait faire vérifier régulièrement, elle n'y serait plus allée du tout. Elle partait après les cours et devait marcher longtemps, vers le sud. Lorsqu'elle arrivait, le dentiste, un chrétien compatissant, lui offrait quelque chose à boire. Elle avait souvent fait ce trajet interminable avec Anne Frank, qui se faisait également soigner chez lui.

Quand elle en sortait, il faisait déjà noir parce que la nuit tombait tôt en hiver. Le retour à pied était encore pire que l'aller. Elle rentrait chez elle gelée et terrifiée.

Un jour, on frappa à leur porte le coup tant redouté. Des soldats passaient dans toutes les maisons tandis que des haut-parleurs fixés sur des camions intimaient aux Juifs l'ordre de quitter immédiatement leurs appartements pour se rassembler dans la rue. Sans avoir eu le temps de réfléchir, Hannah, Gabi, M. Goslar, Grand-père, Grand-mère et Irma furent embarqués dans un tramway.

Dans la vieille ville, ils longèrent un canal nimbé de brouillard et bordé de hautes bâtisses du dix-septième siècle. Les étroites maisons à pignon s'appuyaient à l'aveuglette l'une contre l'autre. Partout, des panneaux interdisaient aux Juifs l'accès des boutiques, des bancs, de la ville. Les rues commerçantes étaient de moins en moins fréquentées parce qu'il n'y avait presque plus rien à acheter. Le Palais Royal était vide, et la reine en exil.

Sur les canaux, de beaux jeunes gens faisaient avancer des péniches chargées de charbon en poussant sur de longues perches. Autrefois, ils adressaient des clins d'œil aux jolies lycéennes qui passaient ;

à présent, ils avaient trop froid et trop faim.

On emmena la famille Goslar dans un théâtre du vieux quartier juif, près du zoo, qu'on appelait autrefois le Théâtre hollandais ; comme il servait désormais de lieu de rassemblement pour les Juifs, il était devenu le Théâtre juif. Des centaines de gens étaient entassés là, en proie à toutes les peurs.

Ils étaient surveillés par des soldats en armes. Après s'être présentés à un officier qui avait examiné leurs papiers, les Goslar furent renvoyés chez eux. Alors qu'ils faisaient demi-tour, un soldat posa la main sur l'épaule d'Irma et lui ordonna de rester.

M. Goslar, qui tentait de convaincre les autorités de la relâcher, fut brutalement rembarré. Irma pleurait et suppliait, mais on la força à rejoindre un groupe de prisonniers. Elle portait la robe que la mère de Hannah lui avait offerte pour Hanoukah.

Elle ignorait que c'était un cadeau de Mme Goslar. Tous les ans, Mme Goslar envoyait Irma chez la couturière. Celle-ci lui montrait une robe en lui disant que c'était justement sa taille. Et elle la lui donnait en expliquant qu'il y avait une erreur de commande et qu'Irma pouvait la prendre. Comme Irma était simplette, elle n'avait jamais compris la ruse.

Elle avait beau être simplette, il était clair, à voir

l'expression de son visage, qu'elle savait exactement ce qui était en train de lui arriver.

Après Pâques 1943, Hannah cessa d'aller à l'école. Elle n'avait que quatorze ans, mais il fallait qu'elle s'occupe de Gabi. Son père lui montra comment assumer les tâches de sa mère à la cuisine, comment allumer les bougies pour le sabbat. La famille vivait dans la crainte de l'avenir. Ils n'avaient pas un sou et pas grand-chose à manger. Mais, au moins, ils étaient ensemble.

Le 20 juin 1943, avant le lever du jour, on cogna à leur porte. Puis on appuya avec insistance sur la sonnette.

– Y'a des Juifs ici ? cria une voix en allemand.

– Oui, répondit M. Goslar dans la même langue. Il y a des Juifs ici.

– Vous avez vingt minutes ! Vous n'avez droit d'emporter que vingt kilos de bagages ! Descendez dans la rue ! Et dépêchez-vous ! ordonna le soldat nazi.

Il alla taper à la porte voisine, là où vivaient les grands-parents de Hannah.

– Y'a des Juifs ici ?

Cela faisait des mois que le sac à dos de Hannah

était bouclé. Elle l'avait préparé elle-même, puisqu'elle n'avait plus de mère et que la mère d'Anne – qui ne l'aurait pas laissée tomber – avait disparu, elle aussi. La mère de Sanne l'avait juste aidée à emballer des objets de première nécessité pour une fille en pleine croissance.

Hannah était au bord de l'évanouissement. Sur la table, il y avait son album de coupures de journaux, ainsi que ses livres d'études hébraïques et le porte-documents de son père. Les jouets de Gabi traînaient par terre, les livres de classe étaient rangés sur l'étagère. La chambre ressemblait à celle d'Anne lorsque celle-ci s'était enfuie, la chambre de quelqu'un qui va revenir d'un instant à l'autre.

Dans la rue, les ponts avaient été relevés. Tout le quartier était cerné par des soldats en armes. Il y avait des files de camions et de motocyclettes. Hannah, son père, Gabi et les grands-parents se serraient les uns contre les autres. Hannah avait les jambes tremblantes et le cœur qui cognait. De plus en plus de gens se rassemblaient. On aurait dit que tous les Juifs habitant les quartiers sud d'Amsterdam se retrouvaient là, forcés à se mettre en rangs.

Ils étaient des centaines, des familles entières, des vieux, des malades, des gens isolés dont les parents avaient déjà été emmenés. Chacun, avec son sac ou sa valise, était en proie à une terreur sans nom. Un petit garçon, blême, était tellement terrifié que ses parents devaient le soutenir.

La nouvelle voisine, Maya Goudsmit, se précipita vers eux, un manteau posé sur les épaules par-dessus sa chemise de nuit.

Elle implora un soldat :

– Puis-je prendre avec moi cette petite fille qui s'appelle Gabi ?

– Vous n'avez pas honte, rugit le soldat en la dévisageant d'un air méprisant, vous, une Hollandaise chrétienne ? Cette gamine est juive !

Les haut-parleurs ordonnèrent :

– Avancez vers les camions ! Vite ! Vite ! *Schnell !*

La voisine répliqua au soldat :

– Je suis chrétienne et Allemande. Non, je n'ai pas honte !

La cohorte des Juifs s'ébranla. M. Goslar hissa Gabi sur un de ses bras et entoura les épaules de Hannah de l'autre. Les grands-parents se prirent par la main et avancèrent, la tête haute.

Lorsque M. Goslar et sa famille se mirent en marche, Maya Goudsmit devint d'une pâleur de cire et s'évanouit.

Chapitre 11

Les camions les transportèrent jusqu'à la gare centrale. Là, on les entassa dans des wagons à bestiaux et on referma sur eux les portes coulissantes. L'air devint rapidement irrespirable. Le train démarra, emportant les nouveaux prisonniers vers l'est.

Après des heures de voyage, il s'arrêta, avant la frontière allemande tant redoutée.

Des gardes en uniforme vert ouvrirent les portes. Les prisonniers se retrouvèrent derrière une clôture de barbelés. De l'autre côté, on voyait des sapins et des arbustes. Dans l'enceinte du camp, il n'y avait que de la boue. Ils étaient arrivés à Westerbork, un camp de transit infesté de moustiques, situé à Drente, dans l'est des Pays-Bas.

Hannah et sa famille attendirent très longtemps, debout sur le quai. Quand vint leur tour, le père et le grand-père furent envoyés dans un des baraquements pour hommes. M. Goslar tendit Gabi à Hannah et put embrasser ses filles avant d'être poussé avec rudesse. La grand-mère dut suivre les autres femmes.

Gabi ne pleurait pas, mais elle s'accrochait à sa grande sœur. Une angoisse terrible serra le cœur de Hannah quand elle vit s'éloigner son père et son grand-père, puis sa grand-mère. Elle garda les yeux rivés sur la tête de son père, qui dépassait les autres parce qu'il était très grand.

Il ne restait plus sur le quai que des enfants et des filles de son âge, tous terrifiés. Les gardes les firent avancer dans une allée détrempée où la boue collait aux semelles. Leurs bagages suivaient, entassés dans des brouettes poussées par des hommes vêtus de blouses marron.

On les emmena à l'orphelinat, un baraquement en bois. Le camp comptait soixante-quinze baraquements, et les rails le traversaient d'un bout à l'autre.

Le bâtiment était occupé par des dizaines d'enfants. On remit à Hannah une écuelle et une tasse. Puis on leur attribua, à Gabi et elle, deux étroites couchettes superposées. Les matelas, très minces, étaient faits de toile de sac, bourrée de copeaux de bois. Comme il était tard, elles avaient raté le repas du soir ; de toute façon, Hannah n'avait pas faim.

Dès qu'elles s'allongèrent sur les couchettes dures, les puces les attaquèrent. Hannah pensait à sa mère. Mais sa mère était morte. Elle pensait à son père et ses grands-parents, qui lui manquaient cruellement. Elle pria Dieu de les protéger, ainsi qu'Anne et Alfred, où qu'ils fussent.

Le matin, après avoir été conduite aux toilettes, Hannah apprit à faire son lit dans les règles. Puis, avec les autres enfants, elle se rendit dans une pièce équipée de longs bancs. Un chariot apporta un liquide chaud qui ressemblait à du café allongé pour les plus âgés et du lait pour les petits, ainsi que des quignons de pain. Cette fois, Hannah avait très faim ; Gabi et elle mangèrent tout jusqu'à la dernière miette.

Hannah repéra très vite où étaient situés les baraquements des hommes par rapport à l'orphelinat. Lorsqu'elle apprit qu'on allait lui attribuer une tâche, elle se porta volontaire pour nettoyer les sanitaires. On lui donna une ample salopette bleue prévue pour cet usage.

– Pourquoi choisir une corvée aussi répugnante alors que tu aurais pu éplucher les petits pois ou travailler dans le potager ? s'étonna une de ses compagnes.

La raison était simple : les sanitaires étaient tout près de la clôture derrière laquelle se trouvaient les baraquements des hommes. Hannah espérait apercevoir son père tout en travaillant.

Et son calcul s'avéra bon. Alors qu'elle atteignait les toilettes, armée d'une brosse et d'un seau pour frotter les immondes cuvettes en zinc, elle vit passer son père. Elle se précipita et, pendant quelques instants, ils purent se parler à travers la clôture.

Ils se croisaient ainsi deux ou trois fois par jour. Parfois, ils avaient le temps d'échanger quelques mots. Elle se sentait toujours mieux après ces brèves rencontres. Il lui arrivait même d'apercevoir de loin son grand-père ou sa grand-mère.

Presque tout de suite, elle reçut un colis de Maya Goudsmit, contenant de la nourriture et un livre sur Florence Nightingale, la célèbre infirmière.

Rapidement, le temps devint très chaud. La boue des chemins sécha, se transformant en poussière mêlée de sable qui recouvrait tout d'une fine couche cendreuse. Les moustiques, qui pullulaient dans les marécages voisins fondirent par essaims entiers sur le camp, qu'ils infestèrent tout au long de l'été. Entre les moustiques et les puces, les enfants, couverts de piqûres, souffraient de démangeaisons insupportables.

Chapitre 12

Le camp entier vivait dans la terreur des lundis et des jeudis soir. La tension montait depuis le matin et, en fin de journée, tout le monde était au bord de l'hystérie. Ces soirs-là, la police du camp passait dans chaque baraquement annoncer les noms de ceux qui devaient quitter Westerbork le lendemain.

On connaissait les destinations : Auschwitz et Sobibor en Pologne, Bergen-Belsen en Allemagne. C'étaient les noms des camps de concentration où se rendaient les convois, alors que Westerbork n'était qu'un camp de transit. La rumeur courait que, là-bas, les conditions étaient infiniment plus dures. Les prisonniers étaient traités comme des esclaves. Les enfants, les femmes et tous ceux qui étaient trop faibles pour travailler mouraient comme des mouches.

M. Goslar cherchait à rassurer Hannah :

– Avec notre document pour la Palestine et nos passeports paraguayens, nous ne risquons rien.

Donc, les lundis et jeudis soir, quand la police du camp en uniforme vert donnait lecture des listes, ceux dont les noms étaient cités n'en pouvaient plus d'angoisse. Ils emballaient leurs maigres possessions et passaient souvent la nuit à pleurer à l'idée que, le lendemain, ils partaient pour l'inconnu. Ils craignaient même d'être gazés.

À la première heure, les mardis et vendredis matin, les SS les conduisaient sur le quai et les embarquaient dans des wagons à bestiaux. Leurs biens étaient entassés dans des charrettes. D'un bout à l'autre du camp, on entendait le sifflement perçant de la locomotive, puis son halètement lorsque le train quittait la gare.

La plupart de ceux qui montèrent dans ces trains, on n'en eut plus jamais de nouvelles.

Avec l'automne arriva un temps humide et frais. À part un pull-over, Hannah et Gabi n'avaient aucun vêtement d'hiver dans leurs sacs à dos. « Ce que j'ai été bête », se disait Hannah. L'humidité les pénétrait jusqu'aux os.

La pluie transforma de nouveau les allées en boue gluante. Les prisonniers surnommaient la plus large le Boulevard des Supplices. Il fallait faire attention à ne pas laisser ses chaussures prisonnières de la gadoue. L'humidité était telle que les parois des baraquements étaient couvertes d'une couche de moisi vert-de-gris.

Entre les sanitaires à nettoyer et les soins à donner aux petits de l'orphelinat, Hannah était occupée toute la journée. Ce qui lui convenait car, ainsi, elle ne se sentait jamais seule. Le groupe procurait au moins un sentiment de camaraderie, comme s'ils étaient les survivants d'un naufrage, embarqués dans un canot de sauvetage. Un canot certes bien misérable, mais il flottait et l'esprit du judaïsme y régnait.

Alors qu'ils étaient à Westerbork depuis quinze jours, Gabi pleura durant une nuit entière. Hannah ne savait plus quoi faire pour la calmer. Au matin, elle lui tâta le front, il était brûlant. La petite frissonnait des pieds à la tête, ses yeux rougis luisaient de fièvre et son nez coulait.

Les deux mains sur les oreilles, le visage cramoisi, elle ne cessait de brailler et rien ne parvenait à l'apaiser. Hannah comprit que c'était grave. Chaque fois qu'elle tentait de la toucher, la petite la repoussait en criant plus fort. Finalement, Hannah la prit dans ses bras et l'emporta jusqu'au grand baraquement qui servait d'hôpital.

Sans attendre, les médecins, des prisonniers juifs, opérèrent les oreilles de Gabi.

Hannah se rendit à l'hôpital dès qu'elle eut terminé son travail. Son père et ses grands-parents étaient au chevet de sa sœur.

Dès lors, ils se retrouvèrent chaque jour près du lit de Gabi. Un gros pansement lui entourait la tête. Elle ne criait plus, mais fixait sur eux des yeux brillant de colère et de larmes. M. Goslar s'efforçait en vain de la faire manger. Hannah essaya à son tour, mais elle n'eut pas plus de succès. Gabi était très malade.

Le soir, on entendait des avions passer haut dans le ciel. Au milieu de la nuit, d'autres passaient encore.

La constellation de la Petite Ourse se levait à l'est. Plus la nuit avançait, plus elle montait. À l'opposé, brillait celle du Lion. Ces deux constellations traversaient-elles également le ciel, là où se trouvaient Anne et Alfred ?

En novembre, une rumeur se répandit rapidement : les nazis ne respectaient plus aucune liste particulière ; ceux qui y figuraient pouvaient s'attendre à être déportés, eux aussi. Affolée, Hannah se mit à rôder dans le camp pour essayer de voir son père.

Impossible de le trouver.

Après le dîner – navets et pain moisi – un policier du camp entra dans l'orphelinat. Il annonça que les listes Palestine étaient annulées et que les individus concernés allaient être transférés vers l'est pour un regroupement de population. Après avoir feuilleté ses papiers, il ajouta que seules les deux premières étaient encore valables.

À peine la police repartie, Hannah se précipita à l'hôpital. Son père était là, penché sur Gabi, à qui il parlait doucement. Elle mangeait une petite tomate.

– Les listes Palestine sont annulées, annonça Hannah.

Il lui répondit qu'il était déjà au courant.

– Sauf la première et la deuxième. Et nous sommes sur la deuxième, c'est ça ?

Il fallait qu'elle en soit sûre.

– Oui, Hanneli. Nous sommes épargnés pour cette fois.

Il ajouta cependant que, même s'ils passaient au travers des mailles du filet, ils devaient prier pour ceux qui partaient.

Le lendemain, un convoi d'une importance inhabituelle quitta le camp : mille personnes. Ce qui anéantit ceux qui restaient.

Puis d'autres trains arrivèrent d'Amsterdam, amenant leur cargaison de nouveaux prisonniers. La pluie tombait sans arrêt du ciel gris, détrempant les miradors et les baraquements immondes.

Dans certains – les baraquements S – on enfermait ceux qui avaient commis un crime contre les nazis. Ces prétendus « criminels » avaient tenté de s'enfuir ou de se cacher et avaient été découverts. Quelques-uns parmi eux avaient rejoint les mouvements antinazis clandestins pour saboter le régime et venir en aide aux victimes.

Ces « criminels » des baraquements S se reconnaissaient à la pièce rouge cousue sur leurs salopettes. Les hommes avaient le crâne rasé et devaient porter des casquettes. Les cheveux des femmes étaient coupés ras. Parce qu'on les nourrissait moins, les S étaient encore plus affamés que les autres. Parce qu'on ne leur fournissait pas de savon, ils étaient très sales. Leurs vêtements étaient infestés de vermine.

La pluie continuait à tomber. Quand elle s'arrêta, la température dégringola. Le sol gela et devint très glissant. Hannah ne possédant qu'un pull-over, rien ne lui permettait d'échapper au froid et à l'humidité pénétrante, à l'intérieur comme à l'extérieur.

Chapitre 13

À cause du froid, les sanitaires avaient gelé, rendant le travail de Hannah très dur. À force de frotter avec un désinfectant agressif, elle avait les mains crevassées. Le vent lui brûlait les yeux. Il tombait en permanence une pluie glacée mêlée de neige fondue.

Tous les jours, dès qu'elle avait terminé son travail, elle courait à l'hôpital voir Gabi. Heureusement, les médecins qui l'avaient opérée étaient habiles. On distinguait à peine son petit visage sous le gros pansement. Lorsque Hannah, son père ou ses grands-parents apparaissaient à son chevet, elle leur tendait les bras pour qu'ils la prennent. Elle recommençait à parler comme avant.

Après avoir vu sa famille, Hannah se dépêchait de regagner l'orphelinat par les allées verglacées, en évitant de tomber.

Le soir, les filles les plus âgées s'occupaient des

petits. Elles les faisaient manger, lavaient leurs vêtements, changeaient les chiffons souillés qui leur servaient de couches, les câlinaient, jouaient avec eux et leur chantaient des chansons. Elles leur apprenaient les petites comptines que connaissent tous les enfants hollandais.

L'une d'elles disait :

Klingklang het klotje.

Il y était question d'une pendule.

Une autre :

Constant had een hobbelpaad,
Zonder kop of zonder staart.

Celle-là, c'était l'histoire d'un cheval de bois qui n'avait ni queue ni tête. Les enfants riaient beaucoup en l'entendant.

Cela rappelait à Hannah une chanson que leur avait apprise autrefois le père d'Anne.

Jo di i di wo di waya, katschkaja,
Katschko, di wi di wo di,
wi di witsch witsch witsch bum !
Ying jang, jing jang bums kada witschki
Yank kai wi di wi, Yang kai wi di wi
Jing jang jing jang ! Bums kada witsche
Jang kai wi di wi. Ajah !

Hanneli et Anne la chantaient constamment lorsqu'elles étaient petites. C'était leur chanson : personne d'autre ne la connaissait. M. Frank avait affirmé que c'était du chinois et elles l'avaient cru. Bien sûr, plus tard, elles s'étaient rendu compte qu'il plaisantait et que les paroles n'avaient aucun sens, mais elles n'avaient jamais oublié leur chanson.

Hanneli se souvenait de la toute première fois où Anne et elle s'étaient vues. C'était en 1933. Leurs mères faisaient les courses dans une épicerie du quartier, dans le sud d'Amsterdam. Comme elles arrivaient d'Allemagne, elles s'étaient mises d'emblée à parler allemand. La petite Anne et la petite Hanneli s'observaient, la brune aux grands yeux pleins de curiosité et la timide au teint de lys. Aucune des deux n'avait dit bonjour à l'autre.

Le premier jour à l'école Montessori, Mme Goslar avait dû traîner Hannah jusqu'à la porte de la classe. Ne sachant pas le néerlandais, Hannah sanglotait et résistait de toutes ses forces.

Elle était agrippée à la robe de sa mère et refusait de la lâcher. À travers ses larmes, elle aperçut une petite fille qui jouait avec des grelots. La petite était de dos mais, lorsqu'elle se retourna, Hannah reconnut la fille de l'épicerie. Son visage rayonnait ; les grelots tintaient.

Elle vit Hannah et lui adressa un sourire amical.

Hannah courut vers elle.

Elle oublia sa mère, elle oublia d'avoir peur. La petite fille s'appelait Anneliese Marie, mais tout le monde l'appelait Anne. Et, d'emblée, Anne l'appela Hanneli plutôt que Hannah.

Bien sûr, c'était une vieille histoire. Anne la veinarde se trouvait à l'abri en Suisse avec sa sœur, son père et sa mère ; peut-être même que, chaudement vêtue, elle mangeait un œuf, un vrai, avec une tartine beurrée.

La plupart des enfants de l'orphelinat avaient été séparés de leurs parents. Quelques-uns, cachés par leurs familles, avaient été découverts quand même. Aucun, en tout cas, ne savait ce qu'étaient devenus leurs père et mère.

Beaucoup étaient arrivés à Westerbork encore bébés ; ils se trouvaient là depuis si longtemps qu'ils ne reconnaîtraient plus leurs parents si jamais ils les revoyaient un jour. Pour certains de ces petits, Hannah jouait un rôle de mère et ils attendaient avec anxiété son retour de l'hôpital ou du travail.

Pour la fête d'Hanoukah, les plus âgés montèrent une pièce de théâtre pour les plus jeunes. Ils s'inspirèrent d'un poème du grand poète allemand Friedrich von Schiller, «Le Plongeur». C'était l'histoire d'un roi qui, après avoir jeté un gobelet d'or au plus profond d'une mer dangereuse, mettait ses chevaliers au défi de plonger pour le récupérer. Parce que la mer était déchaînée, aucun chevalier n'osait s'y risquer. Cependant, un jeune garçon se jetait au cœur du tourbillon et – contre toute attente – en ressortait le gobelet à la main. Étonné et curieux, le roi proposait alors à l'intrépide une pierre sans prix, le rang de chevalier et la main de sa fille la princesse, s'il acceptait d'y retourner pour lui raconter ce qu'il avait vu. Bien que la princesse l'implorât de n'en rien faire, le jeune homme se jetait de nouveau dans le tourbillon.

Dans le poème de Schiller, le héros meurt. Mais, pour Hanoukah, on changea la fin de l'histoire. Le jeune homme émergea des flots déchaînés. Il fut adoubé chevalier et épousa la princesse. Tous les enfants de l'orphelinat en furent heureux.

Chapitre 14

Un soir, une femme vint prévenir Hannah que son amie Sanne Ledermann avait été arrêtée et qu'elle venait d'arriver à Westerbork.

Le lendemain, Hannah remarqua quelqu'un qui lui faisait des signes de loin. Oui, bien sûr, c'était Sanne. Qui d'autre ? Quel bonheur ! Ce jour-là, elles réussirent à échanger quelques mots. Parfois, près de l'usine, Hannah l'apercevait parmi les femmes des baraquements S, assises à de longues tables où elles démantelaient de vieux accumulateurs.

Comme elle avait l'air adulte ! Elle ressemblait davantage à une femme qu'à une adolescente. Hannah se prit à penser : « Et Anne, qui est si loin ? Et Ilse, est-elle en sécurité là où elle est ? Et Jacque, est-elle toujours à l'abri ? » Sanne n'avait aucune nouvelle de Jacque mais, celle-ci n'étant qu'à moitié juive, elle ne risquait sans doute rien à Amsterdam.

Elles grandissaient loin les unes des autres.

Pourraient-elles se reconnaître quand elles se retrouveraient après la guerre ?

Hannah continua à croiser Sanne de temps en temps. En novembre, celle-ci fut déportée à Auschwitz avec ses parents.

En novembre également, le grand-père de Hannah mourut d'une crise cardiaque. Elle en fut anéantie de chagrin.

Il pleuvait sans arrêt. Le dernier lundi de novembre, un policier du camp passa dans les baraquements donner lecture des listes de noms pour les convois habituels du mardi. Hannah entendit des cris étranglés : c'était le tour des enfants de l'orphelinat. Elle retint son souffle tandis que le policier continuait à égrener sa litanie. Cette fois, pensa-t-elle, l'heure a sonné.

Cependant, elle n'entendit pas le sien.

Tout le monde devait préparer ses affaires et être prêt à partir dans le convoi du lendemain matin, conclut le policier. Hannah avait envie de crier : « Pauvre idiot, tu ne vois pas que ce sont des petits enfants sans défense ? Qu'allez-vous faire d'eux ? »

L'homme fit demi-tour et ouvrit la porte. Dehors,

la pluie tombait toujours et le ciel était d'un noir d'encre. Il s'avança sous l'averse tourbillonnante et disparut avec sa terrible liste.

L'orphelinat était en ébullition. Hannah se rendit compte que, en dehors d'elle et de quelques autres, la plupart des enfants avaient été appelés. On pensait l'orphelinat à l'abri de la déportation, mais il allait être complètement vidé.

La rumeur avait dû se répandre dans le camp parce que, presque aussitôt, plusieurs enseignants et le rabbin Vorst firent irruption dans le baraquement. Ils s'efforcèrent de ramener un peu de calme, même si tous avaient entendu parler des traitements inhumains infligés aux enfants et aux vieillards dans les camps de concentration de l'est.

Hannah passa la nuit à consoler les petits effrayés. Aux premières lueurs de l'aube, elle les aida à préparer leurs balluchons. Ses préférés s'accrochaient à son cou, conscients de l'horreur qui les attendait.

Au matin, le rabbin Vorst revint à l'orphelinat. Il étendit son grand châle de prière tout usé avec ses franges bleu et blanc sur la tête de tous. Solennellement, les larmes ruisselant sur ses joues et jusque dans sa barbe, il les bénit.

Hannah, le visage caché dans les mains, pleurait.

Quand ce fut l'heure de rejoindre le convoi, les enseignants arrivèrent à l'orphelinat avec leurs propres affaires. Bien que n'étant pas sur les listes, ils estimaient de leur devoir d'accompagner leurs élèves et de partager leur sort.

Hannah prit dans ses bras deux petits avec leurs balluchons. La pluie avait cessé et un soleil froid brillait. Les plus âgés marchaient en rangs par trois. Hannah avançait avec eux, glacée jusqu'au tréfonds de l'âme.

Un garde lui cria de s'arrêter et de ne pas aller plus loin. À contrecœur, elle confia ses petits à un enseignant. Incapable de supporter ce spectacle plus longtemps, elle regagna l'orphelinat. Ses chaussures collaient à la boue durcie par le gel. Elle entendit les enfants chanter. Leurs voix étaient si douces, si chaudes au milieu de ce froid et de cette cruauté.

Après le départ des enfants, l'orphelinat vide était un lieu terrifiant. Le lendemain matin, ce fut pour elle un soulagement de retourner travailler dans les sanitaires gelés.

Chapitre 15

Un soir de janvier de l'année 1944, M. Goslar se rendit au chevet de Gabi à l'hôpital. Hannah était en train de lui donner à manger.

– Bonne nouvelle ! s'exclama-t-il, les yeux brillants.

Ils allaient sans doute être transférés prochainement. Ensemble.

– Et depuis quand est-ce une bonne nouvelle ? rétorqua Hannah avec insolence.

Elle se demanda si elle ne devenait pas aussi effrontée qu'Anne Frank autrefois. M. Goslar expliqua qu'ils feraient partie d'un convoi à destination du camp de Bergen-Belsen, en Allemagne. D'après la rumeur, c'était un camp d'échange de prisonniers, pas un camp de travail.

Grâce à leur inscription sur la liste Palestine encore valable et à leurs passeports paraguayens, ils représentaient une certaine valeur pour les nazis. On pouvait les échanger contre des prisonniers de guerre allemands. Ils étaient comme les pions d'une partie d'échecs.

Du coup, Hannah se sentit pleine d'espoir. Quand devaient-ils partir ? Bientôt, assura M. Goslar.

Et il avait raison. Le 13 février au soir, le policier du camp appela les noms de Hannah et de Gabi. Cette nuit-là, elle prépara son sac à dos. Toutes leurs affaires étaient abîmées, sales, trop petites. « Vêtements d'été imbéciles », songea-t-elle en pliant les robes et les corsages qu'elle avait conservés le plus propres possible avec le peu de savon dont elle disposait.

Le matin du 14, elle se retrouva sur le quai en compagnie de son père et de sa grand-mère. M. Goslar avait récupéré Gabi à l'hôpital de très bonne heure et la tenait dans ses bras. Hannah portait le sac à dos. Les oreilles de Gabi étaient encore enveloppées de gros bandages malpropres et raidis de pus. Elle regardait autour d'elle avec de grands yeux. Elle répétait : « Papa. Hanneli. Grand-mère. Train. Soupe. »

Ils étaient nombreux, et les gardes les firent mettre en rangs par cinq. Au lieu des wagons à bestiaux qu'on utilisait habituellement pour les convois à destination d'Auschwitz, c'étaient des wagons de passagers. Hannah reconnut quelques visages. Tous ces gens possédaient un passeport spécial ou figuraient sur des listes particulières.

Un SS apposa des tampons rouges sur leurs papiers puis cria :

– *Schnell !* Dépêchez-vous !

Ils furent poussés sans ménagement dans le train. M. Goslar, Hannah, Gabi et Grand-mère s'entassèrent dans un compartiment déjà plein. Puis les portières claquèrent et furent verrouillées.

Pendant deux jours, les pansements saturés de pus de Gabi empuantirent le compartiment. Le train roulait les stores baissés et les prisonniers ne voyaient rien du paysage. Ils ignoraient si c'était la nuit ou le jour, mais ils savaient qu'ils partaient vers cet est tant redouté. On ne leur distribua qu'un peu de pain et d'eau.

Gabi réclamait tout le temps à manger, mais ils n'avaient rien à lui donner. Le train ne cessait de s'arrêter et de repartir. Il ralentit à plusieurs reprises et s'arrêta enfin pour de bon. La portière fut ouverte. Il faisait grand jour. Un haut-parleur leur aboya de prendre leurs affaires et de descendre.

Marchez vite ! *Schnell !* En rangs !

Ils obéirent.

La première impression de Hannah, dès que ses pieds touchèrent le sol, fut d'être au milieu de nulle part. Les SS, formant une haie compacte, tenaient d'une main des bergers allemands et de l'autre, des fouets. Ils avaient des pistolets dans leurs holsters.

Les énormes chiens aux yeux jaunes tiraient sur leur laisse. Hannah hésita, effrayée à l'idée de passer si près d'eux. M. Goslar et Grand-mère, connaissant sa peur des chiens, tentèrent de la protéger, mais il lui fut impossible d'éviter les gueules aux babines retroussées quand on la poussa brutalement en avant. Le souffle des molosses montait dans l'air glacé.

Les soldats, aidés de leurs chiens, firent évacuer la totalité du train. Les passagers prirent ensuite une route enneigée, traversèrent un champ également couvert de neige et passèrent devant des saules aux branches dénudées.

La faim faisait tourner la tête de Hannah. M. Goslar, affaibli lui aussi, avait bien du mal à ne pas se laisser distancer. Le champ était clôturé par d'énormes rouleaux de fil de fer barbelé. La terre nue s'étendait à perte de vue. Au loin se dressaient des miradors, des baraquements et puis encore des barbelés. C'était Bergen-Belsen, dans le lander de Lüneburg en Allemagne.

On leur ordonna de s'arrêter ; Hannah et Gabi, regroupées avec les mères et les enfants, furent entassées dans un camion. La panique submergea Hannah lorsque le véhicule dépassa son père et sa grand-mère dans la file interminable d'hommes et de femmes qui se remettaient en marche.

Ils longèrent une série de camps plus petits à l'intérieur du grand jusqu'à ce que le véhicule pénétrât dans une nouvelle enceinte, appelée Alballalager. Il s'arrêta.

– Descendez. Alignez-vous !

On compta les prisonniers puis on les recompta.

Où avait-on emmené son père et sa grand-mère ? Hannah posa cette question à une femme qui dirigeait leur groupe, mais qui semblait être juive.

– On va les épouiller avant de les mettre en quarantaine. Ne t'inquiète pas. Tu les verras après.

La femme expliqua à Hannah qu'Alballalager était un camp privilégié, qu'on ne lui prendrait pas ses vêtements, qu'on ne lui raserait pas la tête, que sa famille ne serait pas loin, qu'on ne leur tatouerait pas de numéros sur le bras. Oui, Hannah avait de la chance. Avec une grimace éloquente, elle désigna les autres camps, derrière leurs clôtures de barbelés, et leva les yeux au ciel.

Chapitre 16

Dans le baraquement assigné aux deux filles, un groupe de prisonniers grecs, arrivés depuis longtemps, avait pris la situation en main. Bien qu'ils fussent juifs, ils faisaient tourner le camp pour le compte de leurs patrons nazis. Si certains parmi eux se montraient gentils envers les nouveaux arrivants, d'autres non.

On attribua à Hannah et Gabi des couchettes inférieures, côte à côte, de simples planches couvertes de paille. Hannah était devenue une mère pour sa sœur. Chaque soir, elle étendait sur elle une couverture trop fine. Elle n'était pas sûre que la petite se souvînt encore de leur mère. Mais Hannah, elle, s'en souvenait parfaitement et ne l'oublierait jamais. Elle se souvenait aussi de ses amies Anne, Sanne, Ilse, Jacque. Elle se souvenait d'Alfred et de Grand-père.

Gabi était très faible. Les enfants âgés de moins de trois ans recevaient deux verres de lait par jour, mais, comme elle en avait trois et demi, elle n'y avait pas droit. Elle continua à dépérir jusqu'à ce que la femme du rabbin de Salonique, une île de Grèce, décidât de lui en donner deux par semaine. Deux verres de lait pouvaient faire toute la différence entre la vie et la mort. Hannah souligna qu'elle n'avait rien à offrir en échange ; cette femme aurait pu facilement vendre sa ration ou l'échanger contre un autre aliment, contre un vêtement, ou encore le donner à ses propres enfants. La femme du rabbin répliqua qu'elle avait le droit de faire ce qu'elle voulait de son lait.

À partir de ce moment, Gabi commença à reprendre des forces.

Bergen-Belsen était beaucoup plus froid et humide que Westerbok. Un matin, à l'aube, Hannah se réveilla avec un terrible mal de ventre. Lorsqu'elle s'assit, la tête lui tourna ; ses oreilles bourdonnaient. Elle commença à vomir.

Elle se sentait affreusement mal, et incapable de se lever. Secouée par des quintes de toux douloureuses, elle vomissait toutes les trois minutes. Elle devait pourtant s'occuper de Gabi.

L'appel avait lieu à six heures. Manquer l'appel,

c'était la mort assurée. La peur la tira de sa couchette. Malgré ses vertiges, elle sortit avec les autres femmes ; elles se mirent en rangs par cinq et ses deux voisines la soutinrent jusqu'à ce que les gardes nazis les aient comptées. Secouée de frissons incontrôlables, au bord de l'évanouissement, elle réussit à tenir le coup jusqu'au retour dans le baraquement, où il fallait attendre le repas du matin.

Une vieille femme lui fit remarquer qu'elle avait la peau jaune. Un teint jaune, cela signifiait la jaunisse, une maladie grave due au manque d'hygiène. Hannah avait vu des femmes au teint jaune embarquées pour l'hôpital. Certaines n'étaient jamais revenues.

Elle se mit à pleurer. Que faire ? Il n'y avait personne pour s'occuper de sa sœur. Il fallait qu'elle tienne. Le repas arrivait. Elle réussit tout juste à tendre l'écuelle de Gabi pour qu'on la remplisse.

– Hanneli malade ? demanda la petite.

Que le quignon de pain et le morceau de margarine atterrissent ou non dans sa propre écuelle lui importait peu. Manger était le dernier de ses soucis. Involontairement, ses paupières se fermèrent et des taches se mirent à danser devant ses yeux. Elle ne s'était jamais sentie aussi mal de toute sa vie. « Il faut que j'aille à l'hôpital, pensa-t-elle, mais je ne peux pas laisser Gabi. Ô Seigneur, dis-moi ce que je dois faire. »

Une main fraîche se posa sur son front. Elle ouvrit les yeux : une grande femme se tenait à côté de celle qui lui avait parlé de sa peau jaune.

– Je m'appelle Mme Abrahams, se présenta la grande femme. Je m'occuperai de ta petite sœur. Va à l'hôpital.

Hannah se demandait ce que son père aurait souhaité qu'elle fît.

La vieille dame lui expliqua que Mme Abrahams était sa nièce. Mère de sept enfants, elle avait ses cinq filles avec elle, et Gabi serait intégrée à la famille. M. Abrahams était avec leurs deux fils dans un autre baraquement.

– Quand tu sortiras de l'hôpital, tu te joindras à nous, dit Mme Abrahams.

– Mais pourquoi ? demanda Hannah.

Elle était émue aux larmes car elle savait à quel point cette proposition était généreuse.

Mme Abrahams prit la main brûlante de Hannah dans sa main fraîche. Elle lui massa doucement le poignet.

– Je connais ton père. Il aide tout le monde.

De nouveau, le vertige s'empara de Hannah. La nausée la reprit. Elle poussa Gabi dans les bras de Mme Abrahams.

– Va à l'hôpital demain matin à la première heure, Hanneli. Et, quand tu seras guérie, reviens me voir. Nous formerons une seule et même famille.

Chapitre 17

Hannah resta plus d'un mois à l'hôpital du camp, trop malade pour avoir conscience de ce qui se passait autour d'elle, sinon que son père et sa grand-mère venaient à son chevet dès qu'ils le pouvaient. On s'efforçait de la faire boire. Elle comprenait les gestes mais pas les paroles, parce que la voix s'adressait à elle en grec. La couverture sentait le désinfectant, elle entendait des soupirs et des gémissements, le bruit de la pluie et des ordres criés au loin.

Quand elle ouvrit enfin les yeux, son père était à côté d'elle. Avait-elle déliré un long moment ? Il lui répondit que oui. Elle était si faible qu'elle n'avait même pas la force de soulever son écuelle. Lorsque M. Goslar s'éloigna de son lit, elle constata que, de dos, il ressemblait à un grand-père plus qu'à un père tant il avait vieilli.

Pendant son hospitalisation, il avait d'abord plu sans discontinuer puis il avait neigé. Quand il ne tombait ni pluie ni neige, le ciel demeurait d'un gris métallique.

On la renvoya enfin dans son baraquement. Elle partit, les jambes flageolantes. De l'autre côté des barbelés, empilés les uns sur les autres comme des bûches de bois, des cadavres attendaient d'être enterrés. Hannah garda les yeux baissés pour éviter la vision de ces corps.

Gabi, folle de joie, se jeta au cou de sa sœur. Elle était débarrassée de ses pansements malodorants et ses cheveux avaient poussé. Mme Abrahams avait pris soin d'elle et avait réservé un lit pour Hannah dans la section qu'elle occupait avec ses filles.

Même si elles ne mangeaient pas à leur faim, Hannah et Gabi continuaient à grandir et leurs vêtements ne leur allaient plus. Les enfants de moins de seize ans n'étaient pas censés travailler ; cependant, Hannah fut intégrée à un groupe de femmes qui fabriquaient des sacs en cellophane. Tous les jours, après l'appel, après le pain et le café lavasse, elle se rendait à l'usine. En route, elle avait le temps d'entrevoir les autres camps.

De l'autre côté des barbelés, on voyait passer des prisonniers vêtus de pyjamas rayés, la tête rasée. Tous se trouvaient dans des états plus ou moins avancés de dénutrition et de maladie. Alballalager avait beau être un endroit épouvantable, leurs passeports paraguayens et leur inscription sur une liste Palestine permettaient au moins aux Goslar de vivre plus décemment.

À l'usine, Hannah et les autres préparaient des tresses de cellophane qu'elles tissaient pour fabriquer de grands sacs. La tâche n'était pas difficile, même si la station debout était pénible. Au milieu de l'après-midi, deux ou trois femmes apportaient un énorme chaudron de soupe où nageaient des morceaux de navets assortis de quelques mauvaises pommes de terre qui stagnaient au fond. Chacune veillait jalousement à ce qu'on la serve en raclant le fond, pour avoir autre chose dans son écuelle qu'un bouillon trop clair.

M. Goslar travaillait dans une usine où s'empilaient d'immenses tas de chaussures militaires, rapportées directement du front. Elles étaient pleines de boue, usées, déformées et raides de pourriture, de sang et de pluie. Les prisonniers les démontaient avec des outils. Ensuite, les pièces les moins endommagées étaient recyclées pour fabriquer de nouvelles paires.

Les prisonniers trimaient dans la poussière et la saleté. En outre, ils avaient un quota journalier à remplir, ce qui les plongeait dans une inquiétude constante car le rythme était impossible à tenir.

M. Goslar s'affaiblissait de jour en jour ; il ne pouvait plus se rendre à l'usine sans l'aide du rabbin de Salonique, qu'il avait connu autrefois à Berlin.

En mai, épuisé par le travail et la sous-alimentation, M. Goslar se retrouva dans un baraquement réservé aux malades.

En juillet, Grand-mère fut inscrite sur une des listes d'échange de prisonniers. Plutôt que d'en profiter, elle alla voir les SS et demanda à être rayée de la liste. Ils la prirent pour une folle, mais firent ce qu'elle demandait.

Les gens l'interrogèrent. Pourquoi avait-elle renoncé à pareille occasion ? La réponse était simple : elle ne voulait pas quitter ses petites-filles. Elle voulait rester pour les aider dans la mesure de ses possibilités. En vérité, elle ne pouvait pas grand-chose pour elles ni pour quiconque, mais au moins elle n'était pas loin.

Un jour, pendant l'appel, Hannah remarqua de grandes tentes qu'on avait dressées dans ce qui était un terrain vague près de leur camp. Les trains déversant chaque jour de nouveaux prisonniers, toutes les sections de Bergen-Belsen étaient saturées et les arrivants devaient se contenter de tentes. Des baraquements étaient en construction.

Souvent, l'appel terminé, alors que tout le monde avait été compté, le garde hurlait aux prisonniers l'ordre de ne pas bouger. On allait les recompter. L'appel avait déjà duré plus d'une heure. Les prisonniers devaient rester debout une heure de plus.

– Pourquoi faut-il nous recompter ? demanda Hannah.

– Les Allemands veulent être sûrs que personne ne s'est enfui, lui expliqua-t-on.

« S'enfuir ? Où pourrait-on s'enfuir ? pensait Hannah avec colère. Sans argent ? Avec nos étoiles jaunes ? Avec rien ? Au beau milieu de l'Allemagne ? »

Chapitre 18

Le temps passait et de nouveau il faisait noir le matin lorsque les prisonniers subissaient l'appel, gelés jusqu'aux os. On s'habillait et se déshabillait dans l'obscurité. En novembre, le froid devint tel que les vêtements, raidis par le gel, se cassaient comme du verre.

Le douze du mois, Hannah aurait seize ans. Mais quel jour était-on ? Elle l'ignorait ; plus personne ne savait les dates.

Une grosse tempête éclata, qui dura toute une journée ; les bourrasques étaient si violentes que les femmes devaient se tenir par le bras pour avancer. Le vent hurlait entre les planches disjointes des murs de l'usine.

Lorsque Hannah revint du travail, elle vit de loin que les immenses tentes s'envolaient. Elles s'étaient écroulées sous les rafales, causant un énorme affolement. Quand Hannah entra dans le baraquement, Gabi se jeta sur elle et lui entoura les jambes de ses bras. Elle se pencha pour l'embrasser. En dépit du froid qui régnait à l'intérieur, la joue de la petite était tiède contre ses lèvres engourdies.

Gabi désigna des hommes vêtus de pyjamas rayés qui construisaient des châlits de bois.

Ils avaient retiré les tables et les bancs et ajouté une troisième couchette au-dessus des deux autres. Dès qu'ils eurent terminé, des centaines de nouveaux détenus débarquèrent en se bousculant pour avoir une place. Là où avaient vécu trois cents personnes, six cents étaient maintenant entassées.

Désormais, chacun partageait sa couche avec quelqu'un d'autre. Hannah et Gabi dormaient ensemble sur la même étroite paillasse.

Des convois arrivaient jour et nuit et, partout, on dormait à deux par lit, parfois à trois. À l'extérieur, on planta des rangées des poteaux métalliques sur lesquels on fixa des barbelés. Alballalager fut divisé en deux camps surpeuplés.

La rumeur disait que, de l'autre côté de la clôture, se trouvaient des prisonniers polonais dans un état de dégradation physique épouvantable, qui vivaient avant sous les tentes. Les barbelés ayant été recouverts de bottes de paille, Hannah entendait les bruits produits par ces arrivants, sentait l'odeur des immondices, mais elle ne pouvait voir les visages des détenus.

De toute façon, il était interdit de leur adresser la parole.

Jour et nuit, des gardes armés veillaient en haut des miradors. Toute tentative de conversation par-dessus la clôture était punie de mort. La mort par balle ou par quelque autre moyen cruel. Néanmoins, dans les baraquements, les femmes étaient curieuses de savoir qui étaient leurs nouveaux voisins. Le soir, elles traînaient près des barbelés pour essayer de glaner quelques informations. Mais pas Hannah. Elle ne s'aventurait jamais par là.

Tandis qu'on divisait leur camp pour y entasser le maximum de gens, on réduisit encore les rations de nourriture. Jusque-là, l'alimentation avait été mauvaise et insuffisante ; désormais, il n'y avait pratiquement plus rien à manger. On ne pensait qu'à ça. On ne parlait que de ça. Si certains volaient du pain pour le donner aux enfants affamés, d'autres volaient les enfants pour se nourrir eux-mêmes.

Le soir, les prisonniers se réunissaient autour d'un poêle de fortune ; on y brûlait quelques bouts de bois qui répandaient une vague chaleur. La conversation tournait toujours autour de la nourriture.

Mme Abrahams avouait qu'elle pensait à du bouillon de poulet avec de grosses boulettes de matzoh. Une autre femme rêvait des gâteaux des jours de fête et de biscuits saupoudrés de sucre glace.

Gabi et les autres petits ne savaient pas ce que c'était, les gâteaux et les biscuits, pas plus qu'ils ne se souvenaient de ce qu'était le poulet. Si on tentait de leur expliquer à quoi ressemblait le sucre, c'était désespérant parce que personne ne trouvait les mots pour décrire ce goût merveilleux.

Hannah, elle, rêvait des petits déjeuners qu'elle prenait avec Anne le lendemain d'une soirée-pyjama. D'abord un bon bain chaud, puis le petit déjeuner au lit, sous un édredon de plume. Elle aurait bien aimé un œuf. Dur, de préférence. Avec une tartine. Une tartine grillée. Le fin du fin, la tartine aurait été recouverte d'une épaisse couche de beurre fondant.

Et du café chaud avec de la vraie crème, pensait Hannah, prête à défaillir.

Chapitre 19

La fête d'Hanoukah approchait et Mme Abrahams souhaitait organiser un petit quelque chose pour les enfants. À cause du manque de nourriture, tout le monde avait mal à la tête, tout le monde souffrait des dents et des articulations. On se perdait dans le décompte des jours, on se sentait faible et nauséeux, on n'avait plus les idées claires.

En plus de la faim qui la taraudait, Hannah s'inquiétait constamment pour son père. Depuis que les rations alimentaires avaient diminué, il était devenu squelettique. Il avait les yeux enfoncés dans leurs orbites et le reste du visage gonflé par l'œdème. Néanmoins, il conservait toute sa dignité et soutenait les vieillards et les malades.

Les gens mouraient dans leurs châlits ou pendant l'appel. Certains s'asseyaient et ne se relevaient plus. On entassait les corps sur des civières avant de les balancer dans des fosses à ciel ouvert. À longueur de journée, des corbeaux affamés les survolaient en criant. Lorsque Hannah passait devant une de ces tranchées nauséabondes remplies de cadavres, elle détournait le regard. Elle finit par éviter systématiquement cette partie du camp.

Pour préparer Hanoukah, tout ce que pouvait faire Mme Abrahams, c'était mettre de côté des bribes de nourriture. Sa tante, qui travaillait à la cuisine, chaparda quelques pommes de terre frites et une demi-carotte. De toute façon, personne n'avait le cœur à se réjouir. Ce jour qu'on appelait traditionnellement la Fête des Lumières ne fut guère célébré. Le peu qu'il y avait à manger fut partagé et dévoré de façon fort peu rituelle jusqu'à ce que les ersatz de bougies de Hanoukah que M. Goslar avait fabriquées avec un fond de margarine soient allumées. Alors, tout le monde soupira.

Une femme raconta à Hannah que, en dépit de la rumeur, il n'y avait pas que des Polonais et des Hongrois de l'autre côté des barbelés ; il y avait également des Néerlandaises transférées d'Auschwitz. Dès que Hannah sut cela, elle attendit la nuit pour sortir du baraquement. On lui rappela qu'il neigeait, on lui conseilla d'éviter le faisceau des projecteurs, et de ne pas s'approcher de la clôture.

Elle se glissa dehors. La neige tombait dru. Les flocons lui mouillaient le visage et la tête, taches blanches jaillissant de l'obscurité du ciel. Elle tendit l'oreille. Le vent soufflait en rafales. Elle crut distinguer des voix assourdies qui parlaient néerlandais. Mais le vent se déchaîna soudain, noyant ce faible bruit. Le faisceau du projecteur balaya le baraquement avant de disparaître à l'angle.

Quand le vent se calma enfin, Hannah fut à nouveau tout ouïe. En fait de néerlandais, elle entendit une voix rauque de femme qui chantait dans une langue inconnue. « J'ai dû me tromper », pensa-t-elle.

Elle rentra dans son baraquement et s'allongea sur la couchette dure, à côté de Gabi. Elle s'endormit, la tête pleine d'images de bonnes choses à manger.

Chapitre 20

L'année 1945 débuta par un froid terrible. On disait que les Allemands étaient en train de perdre la guerre. C'était une rumeur persistante, mais personne n'avait le moindre début d'une preuve. Les gardiens nazis se montraient toujours aussi cruels, les avions passaient au-dessus du camp nuit et jour. Rien, à l'exception de ces rumeurs, ne laissait espérer que leurs oppresseurs risquaient d'être vaincus.

Hannah se demandait si c'était vrai. Ne serait-il pas trop tard ? Combien de temps son père tiendrait-il encore ? Combien de temps Gabi, elle-même et leur grand-mère résisteraient-elles ?

Un après-midi, alors que Hannah était à l'usine, il y eut une explosion près du baraquement de son père. Un avion de chasse avait lâché plusieurs bombes sur le camp. M. Goslar lui raconta plus tard que, par chance, tout le monde était dehors à ce moment-là, à l'exception d'un homme qui était en train de prier, loin de sa couchette. Lorsque la bombe explosa, un seul châlit fut détruit, le sien. S'il avait été dedans, il serait mort.

M. Goslar était très malade. Son visage semblait de cire. Comme la plupart des hommes du camp, il portait des vêtements sales et usés jusqu'à la corde. Il caressait les joues de ses filles en leur affirmant que d'un jour à l'autre ils seraient échangés contre des prisonniers allemands. Devant le regard sceptique de Hannah, il l'exhortait à ne pas perdre la foi.

Peu de temps après ce bombardement, un homme vint à l'usine prévenir Hannah que son père avait été transporté à l'hôpital. Lorsqu'elle vint lui rendre visite, il dormait. Elle contempla son visage grisâtre avec appréhension.

Février arriva. Hannah était à Bergen-Belsen depuis un an. Après le travail, elle s'approchait du poêle pour tendre vers ce peu de chaleur ses mains gelées et violacées. Quand, à force de les frotter, l'engourdissement disparaissait, elle avait l'impression que des milliers d'épingles s'enfonçaient sous sa peau.

Mme Abrahams confirma à Hannah qu'il y avait bien des Néerlandais de l'autre côté de la clôture.

Une femme avait même affirmé que quelqu'un, parmi eux, connaissait Hannah.

Elle rassembla tout son courage et dès qu'il fit nuit, courut jusqu'aux barbelés. Son souffle s'élevait dans le froid. Elle pria pour que le garde ne remarque pas sa présence, pour que le projecteur ne l'éclaire pas. « Suis-je folle de prendre tant de risques ? » se demanda-t-elle. « Oui », se répondit-elle. Mais entrer en contact avec un Néerlandais, c'était trop important.

Elle chuchota quelques mots de néerlandais à travers la barrière de fer et de paille.

– Qui êtes-vous ? lui répondit une voix dans la même langue.

Hannah entendait bouger, mais elle ne voyait rien.

– Hannah Goslar, du quartier sud d'Amsterdam.

– Hanneli Goslar ? C'est moi, Mme van Daan, une amie de la famille Frank, répondit la voix.

Hannah se souvenait vaguement de Mme van Daan. Son mari travaillait avec le père d'Anne. Parfois, quand ses parents se rendaient chez les Frank le dimanche, les van Daan et leur fils Peter faisaient partie des invités.

– Tu sais que ton amie Anne est ici ? lui demanda Mme van Daan.

Hannah crut avoir mal entendu.

– Anne est en Suisse.

– Non. Elle est ici. Tu veux que j'aille la chercher ?

– Oh oui !

– Je ne peux pas ramener Margot, elle est très malade. Je vais chercher Anne.

Hannah pria pour que le garde ne passe pas. Son cœur exultait. Comment était-ce possible ? Elle attendait, à la fois excitée et terrifiée.

– Hanneli ? C'est vraiment toi ?

C'était bien la voix d'Anne.

– C'est moi. Je suis ici.

Elles se mirent à pleurer.

– Qu'est-ce que tu fais là ? Tu es censée être en Suisse, reprit Hannah.

Anne expliqua en quelques mots que c'était une ruse ; ils avaient voulu faire croire aux nazis qu'ils avaient fui en Suisse alors qu'en réalité toute la famille s'était cachée à Amsterdam.

Ils étaient restés enfermés tout ce temps-là dans un entrepôt annexe, derrière le bureau de M. Frank, dans la Prinsengracht. Leur amie Miep Gies, qui travaillait pour Otto Frank, ainsi que quelques autres employés de son père, avaient pris soin d'eux pendant vingt-cinq mois, jusqu'à ce qu'ils soient arrêtés et déportés.

Pendant deux ans, Anne n'avait jamais mis le pied hors de sa cachette, elle n'avait pas le droit d'écrire de lettres ni d'entrer en contact avec quiconque. Ils avaient de quoi se vêtir et de quoi manger. Ils avaient chaud. Ils avaient bon espoir de survivre parce que la guerre allait bientôt se terminer, les Allemands reculaient partout.

Éberluée, Hannah demanda à Anne si elle était vraiment sûre que les Allemands allaient perdre la guerre.

Anne lui confirma que c'était la vérité car, dans leur cachette, ils avaient une radio. Le 6 juin 1944, les Américains, les Anglais et les Canadiens avaient débarqué en France. Ils avaient repoussé les Allemands. Au même moment, à l'est, les Russes en faisaient autant. Anne raconta à Hannah comment on était venu les arrêter en août. On les avait ensuite envoyés dans les baraquements S de Westerbork. Là-bas, Anne avait travaillé dans l'usine où on recyclait les vieux accumulateurs.

Hannah raconta à son tour qu'elle aussi était allée à Westerbork. Elle se souvenait des crânes rasés de ceux des baraquements S. Elle se souvenait d'avoir regardé dans l'usine et vu des femmes qui travaillaient.

Anne dit qu'à Westerbork c'était dur, mais qu'au moins la famille était rassemblée. Puis elle lui expliqua d'une voix tremblante d'émotion qu'ils avaient ensuite été déportés à Auschwitz ; son père avait disparu avec les autres hommes, et depuis leur situation n'avait fait qu'empirer. Quand Margot et elle avaient été transférées à Bergen-Belsen, leur mère n'était pas du voyage et elles craignaient le pire pour leurs parents. Il y avait des chambres à gaz à Auschwitz ; nuit et jour, des milliers de gens étaient gazés avant d'être brûlés dans les fours crématoires.

Cette information laissa Hannah très abattue. Était-ce possible ? Sans doute ; Anne l'avait vu de ses propres yeux.

Anne demanda à Hannah des nouvelles de ses parents.

Hannah lui apprit que sa mère était morte à Amsterdam avant leur arrestation, ainsi que le bébé. Grand-père était mort à Westerbork. Jusqu'à présent, le reste de la famille avait réussi à rester ensemble – Gabi et elle, Papa et Grand-mère, tous dans le même camp quoique dans des baraquements différents. Mais maintenant, ajouta-t-elle avec désespoir, son père était à l'hôpital, très malade.

– Tu as tellement de chance d'avoir ta famille ! Je n'ai plus de parents, Hanneli. Je n'ai personne. Margot est très malade, elle aussi.

Elles se remirent à pleurer.

– Ils m'ont rasé la tête.

« Quelle horreur pour Anne, pensa Hannah. Elle qui était si fière de ses épais cheveux soyeux ! »

Le projecteur du mirador balaya la nuit. Hannah se dit encore : « Anne n'est plus la même. Moi non plus. Nous sommes brisées. »

D'une voix désespérée, Anne révéla que Margot et elle n'avaient rien à manger, absolument rien. Elles étaient gelées, Margot était très affaiblie. Elles avaient vécu sous des tentes mais celles-ci s'étaient envolées. Et elles n'avaient pas de vêtements mettables parce que la vermine était partout.

Hannah se dit : « Je pourrais peut-être récupérer quelque chose pour elles. Nous, au moins, nous avons un peu à manger ! »

Elle donna rendez-vous à Anne pour le lendemain soir.

Celle-ci lui rappela à quel point c'était dangereux, mais promit de revenir.

Chapitre 21

Allongée à côté de Gabi, Hannah réfléchissait à ces retrouvailles improbables et remerciait Dieu. Bien sûr, c'était épouvantable qu'Anne fût ici et non en Suisse. Hannah avait du mal à le croire. Elle se répéta les informations d'Anne, que la guerre allait bientôt s'achever, que les Allemands seraient vaincus, et reprit confiance. « Puis-je oser espérer que nous rentrerons tous chez nous ? Qu'Anne et moi nous retournerons en cours, peut-être même ce printemps ? » pensa-t-elle.

Son cœur battait la chamade à l'idée d'une éventualité aussi miraculeuse.

À quatre ans, alors qu'elles ne parlaient pas un mot de néerlandais et qu'elles étaient vêtues de petites robes à fleurs, Hannah et Anne se rendaient ensemble à l'école le matin et rentraient ensemble le soir. À huit ans, elles circulaient à bicyclette, à dix ans, elles allaient nager l'été et patiner l'hiver, à douze ans, elles jouaient au ping-pong en discutant des relations entre les filles et les garçons.

Une fois, pour la fête de Pourim, M. Goslar s'était déguisé en Hitler. Il s'était dessiné une petite moustache en brosse sur la lèvre supérieure et il était allé frapper à la porte des Frank. En voyant Hitler sur leur seuil, ceux-ci avaient d'abord été saisis de frayeur puis ils avaient bien ri.

On avait fêté l'anniversaire d'Anne pour la dernière fois le 12 juin 1942. Elle avait treize ans. Le matin, après avoir embrassé ses parents, Hannah s'était dépêchée de passer la prendre pour aller en cours.

Comme tous les jours, devant l'immeuble d'Anne au numéro 37 Merwedeplein, Hannah avait sifflé les deux notes qui signalaient son arrivée. La porte s'était ouverte à la volée, Anne lui était à moitié tombée dans les bras et elles s'étaient mises à rire.

– *Hartelijk Gefeliciteerd*, Anne ! Joyeux anniversaire, Anne ! lui avait souhaité Hannah.

Anne s'était vantée que désormais Hannah ne pourrait plus l'asticoter à cause de son âge ; en effet, Hannah avait six mois de plus et avait donc eu treize ans la première. Anne était heureuse et sa voix résonnait, haute et claire.

Ce jour-là, chez les Frank, le salon débordait de fleurs. Anne montra à Hannah un corsage bleu que ses parents lui avaient offert. Elle montra également les cadeaux de Margot, de Miep, qui travaillait chez son père, de M. et Mme van Daan. Elles mangèrent des chocolats.

Dans la chambre d'Anne, il y avait de nouveaux jeux, de nouveaux livres, un nouveau cahier avec une couverture rouge, des bijoux. Anne avait été gâtée. Elle était particulièrement contente du cahier rouge qui ressemblait à un album d'autographes.

« Tu veux faire collection d'autographes ? » avait demandé Hannah. Mais Anne avait expliqué que c'était son journal. Elle avait commencé à y consigner ses pensées secrètes avec son stylo à plume, qui écrivait avec une encre bleu gris spéciale. Mais elle ne permettrait jamais à aucune de ses amies, même pas à Hannah, de lire ce qu'elle écrivait. Hannah n'avait donc même pas demandé à l'ouvrir.

Après avoir insisté sur la beauté de son nouveau journal, Anne l'avait rangé avec l'album dans lequel elle collait les cartes des enfants des familles royales et sa collection de photos de stars de cinéma.

Dans le salon, M. Frank était installé dans son fauteuil préféré. Hannah aimait bien M. Frank. C'était un grand maigre un peu chauve, qui lisait le *Joodse Weekblad* comme son père à elle.

M. Frank avait accueilli Hannah avec un sourire amical. Il ne manquait jamais de faire une petite plaisanterie. M. Frank n'avait plus le droit de travailler. Son entreprise, située dans les vieux quartiers d'Amsterdam, fabriquait des produits qui entraient dans la composition de la confiture et des saucisses. Désormais, il passait ses journées chez lui. Mais contrairement à M. Goslar, qui était d'humeur sombre et pessimiste, M. Frank avait un joyeux caractère.

Ce matin-là, était paru dans le journal l'ordre selon lequel tous les Juifs devaient remettre leurs bicyclettes avant le 24 juin, à une heure de l'après-midi. Les bicyclettes devaient être en bon état. Il ne fallait oublier ni les pneus ni les chambres à air de rechange. La bicyclette d'Anne ayant été volée et celles de Mme Frank et de Margot étant cachées, ils n'auraient rien à remettre du tout. Ça faisait toujours plaisir de marquer un point contre les nazis.

Le salon embaumait le café bien fort. Hannah asticotait son amie : même si elle avait enfin treize ans, elle était toujours plus jeune qu'elle, qui en avait déjà treize et demi. Lorsque les grands yeux d'Anne prirent un reflet vert – signe de colère – Hannah cessa son petit jeu.

Anne l'ignorait encore, mais Hannah, Sanne, Ilse et Jacque s'étaient cotisées pour lui offrir un livre, *Sagas et légendes des Pays-Bas*, qu'elles lui donneraient après les cours.

La pièce sentait la fraise. C'était censé être une surprise, mais tout le monde savait que Mme Frank préparait la tarte préférée d'Anne pour la fête.

Avant qu'elles ne partent, Mme Frank avait remis à Anne un panier rempli de biscuits à distribuer à ses camarades de classe. Anne y avait rajouté des gâteaux qu'elle avait confectionnés elle-même. Puis les deux filles s'étaient rendues à l'école, la bonne odeur des gâteaux montant du panier.

Mme Abrahams la secoua dans son sommeil.

– Chut, Hannah. Tu gémis. Qu'est-ce qui ne va pas ?

Chapitre 22

Lors d'une visite à son père à l'hôpital, Hannah ne put nier l'évidence : son état empirait. Elle lui parla d'Anne, lui rapporta ses propos sur les chambres à gaz. Il en fut bouleversé. Malgré ses yeux vitreux, il avait toute sa conscience. Beaucoup de ceux qu'il avait aidés quand il en avait encore la force venaient à son chevet.

Rassemblant son courage, Hannah alla trouver le médecin. Le fixant avec des yeux suppliants, elle l'implora de les intégrer au prochain échange de prisonniers. L'audace de cette grande brune décharnée, tout en bras et en jambes, surprit le médecin. Et de l'audace, il en fallait beaucoup pour oser croiser le regard d'une autorité du camp.

À son retour, Hannah trouva le baraquement en pleine effervescence. On distribuait des colis de la Croix Rouge. C'était la première fois. Hannah en reçut deux pour sa famille. Elle en cacha tout de suite un pour l'apporter à son père.

Les colis étaient de petites boîtes, de la taille d'un livre. Elle trouva dans le sien des fruits secs et du pain suédois. Discrètement, elle en mit un peu de côté pour Anne.

Le soir, en voyant Hannah prête à sortir du baraquement, Mme Abrahams lui déconseilla de retourner à la clôture. Elle avait eu de la chance une fois, ça ne se reproduirait peut-être pas. Hannah lui raconta qu'elle avait retrouvé sa meilleure amie d'enfance. Elle décrivit les terribles conditions de vie de l'autre côté des barbelés… Mme Abrahams tendit alors à Hannah de quoi compléter son paquet.

Elle avait emballé dans un gant un peu de pain suédois, quelques fruits secs et ce qu'elle avait pu garder du repas du soir. À la tombée de la nuit, elle se risqua jusqu'aux barbelés.

Elle chuchota :

– Anne ? Tu es là ?

La réponse ne se fit pas attendre.

– Oui, Hanneli, je suis là.

Hannah dit qu'elle avait pu rassembler quelques bricoles et qu'elle allait les envoyer par-dessus la clôture.

En y mettant toute son énergie, elle réussit à lancer le paquet.

Il y eut aussitôt un bruit de bagarre. Puis quelqu'un se mit à courir et Anne poussa un cri déchirant.

– Que s'est-il passé ?

Anne pleurait.

– Une femme m'a tout pris. Elle n'a rien voulu me rendre.

– Anne ! chuchota Hannah. Je vais recommencer mais je ne suis pas sûre d'y arriver.

Anne était anéantie.

Hannah la supplia de ne pas perdre courage.

– Je réessaierai dans quelques jours. Tu m'attendras ?

– J'attendrai, Hanneli.

Hannah repartit en courant dans la neige, évitant le faisceau du projecteur.

Chapitre 23

Bientôt, Hanneli fut prête pour une deuxième tentative. Elle avait emballé ce qui restait du pain suédois et des fruits secs. De nouveau, Mme Abrahams et plusieurs autre femmes du baraquement y ajoutèrent de précieux restes et une paire de chaussettes. Ce n'était peut-être pas grand-chose mais, dans le camp, c'était un vrai trésor.

On avertit Hannah que la lune était pleine. On y voyait comme en plein jour. Mme Abrahams se tourmentait.

Hannah quitta le baraquement. La neige avait un aspect surnaturel sous la clarté de la lune. Le projecteur passa. « Je vous en supplie, mon Dieu », pria Hannah en se dirigeant vers les barbelés.

Elle entendit qu'on chuchotait son nom.

– Hanneli ? C'est toi ?

C'était Anne, qui l'attendait déjà.

– Oui, c'est moi. Je vais te lancer quelque chose.

En dépit de sa faiblesse, elle prit son élan et lança son paquet. Celui-ci atterrit de l'autre côté.

– Je l'ai ! souffla Anne, tout excitée.

La vue des provisions et des chaussettes lui arracha une exclamation. Une infime quantité de nourriture, c'était quelques jours de survie supplémentaires.

Elles convinrent d'un nouveau rendez-vous. Elles avaient encore tant de choses à se dire !

– À bientôt ! chuchotèrent-elles en chœur, et cette fois la voix d'Anne était plus gaie.

Hannah se dépêcha de faire demi-tour. Bien sûr, elle était très repérable dans le clair de lune, mais la chance était avec elle.

Au baraquement, Mme Abrahams et d'autres mères l'attendaient avec anxiété. Elles lui firent une place tout près du poêle. Gabi était réveillée et vint se serrer contre elle. Personne n'en avait discuté, mais tout le monde savait qu'elle risquait d'être exécutée pour avoir communiqué avec Anne. Hannah espérait seulement que, la prochaine fois, elle pourrait expédier de l'autre côté de la clôture un peu plus de nourriture pour Anne et Margot.

Peu de temps après, durant l'appel, le gardien lui annonça qu'elle, sa sœur, son père et sa grand-mère avaient été inscrits sur la prochaine liste d'échange.

– Est-ce vrai ? Quand cela doit-il avoir lieu ? voulut-elle savoir.

– Demain, lui répondit-on.

Hannah courut à l'hôpital et trouva son père dans un état de faiblesse extrême. Des amis priaient avec lui. Lorsque Hannah lui apprit la nouvelle, il demanda à l'un d'eux d'aller au baraquement prendre ses vêtements afin de s'habiller convenablement.

À l'évidence, M. Goslar était trop épuisé pour s'habiller, mais l'homme n'en partit pas moins. Lorsqu'il revint, on aida le malade à enfiler ses vêtements, et Hannah le contempla ensuite avec admiration : vêtu d'un vrai costume, il se tenait assis dans son lit avec beaucoup de dignité.

Quand Hannah dut repartir, son père voulut qu'elle reste encore une minute.

– Prions avant de nous séparer. Il faut dire merci pour la chance qui nous est donnée.

Ils prièrent ensemble.

L'échange devait avoir lieu à l'aube. Hannah lui assura que Gabi, Grand-mère et elle seraient prêtes. Elle embrassa le front décharné de son père et regagna en hâte son baraquement pour se préparer à quitter Bergen-Belsen.

Chapitre 24

À cause du passage répété des patrouilles, Hannah ne put s'approcher de la clôture pour dire au revoir à Anne. Cette nuit, comme toutes les nuits, le baraquement résonnait des toux, des gémissements et des respirations haletantes de ses habitants. Avant qu'elles ne se séparent à l'aube, Mme Abrahams promit de faire parvenir un message à l'amie de Hannah, de l'autre côté des barbelés.

– Dites-lui que nous retournerons en classe l'automne prochain… nous n'aurons que trois ans de retard… que je la verrai à Amsterdam.

Ce fut un déchirement de quitter Mme Abrahams et ses enfants.

– Viens, Gabi ! dit Hannah en se détournant.

Elles se précipitèrent jusqu'à l'hôpital. Dès que le médecin allemand vit Hannah, il lui apprit que son père était mort pendant la nuit.

La première pensée de Hannah fut : « Il savait qu'il

n'aurait pas la force de partir. » Le médecin lui confirma qu'il avait émis le vœu qu'elles partent sans lui. Au moins, il était mort convenablement vêtu et sachant que ses filles allaient échapper à l'enfer.

Anéantie de chagrin, Hannah prit Gabi par la main, ramassa son sac à dos et se dirigea vers les bâtiments administratifs, où sa grand-mère se trouvait déjà pour se faire enregistrer.

Elles attendirent dehors, avec plusieurs centaines de gens également inscrits sur cette liste d'échange. Elles attendirent quatre heures dans le froid glacial, les mains et les pieds engourdis. Finalement, un SS sortit du bâtiment.

– L'échange est annulé, annonça-t-il. Retournez dans vos baraquements.

Grand-mère repartit vers le sien, tandis que Hannah et Gabi se traînaient jusqu'au leur. Lorsqu'elles arrivèrent, deux femmes couvertes de plaies cherchaient à s'emparer de leur châlit, mais Mme Abrahams posa leur sac à dos dessus avec autorité. Les deux autres n'insistèrent pas.

C'était le 25 février 1945.

Pendant plusieurs jours, Hannah demeura dans un état de stupeur. Elle se déplaçait comme une somnambule. Elle se répétait sans cesse qu'elle était comme Anne, sans parents. La nuit, elle restait étendue sur le dos. Cependant, elle ne devait pas se laisser couler. Désormais, Gabi était orpheline et n'avait plus qu'elle au monde.

Elle priait. Malgré la confusion de son esprit qui l'empêchait de réfléchir, elle savait que ses parents n'auraient pas voulu qu'elle abandonne. Dieu non plus ne le voulait pas, mais elle ne parvenait pas à s'arracher à cette torpeur. La nourriture ne l'intéressait plus du tout. Son unique pensée était : « Je n'ai plus personne. Je n'ai plus de parents. Comme Anne. »

Elle fut prise de vertiges. Les jambes tremblantes, elle se cramponnait au cadre du châlit. Lentement, pour ne pas perdre l'équilibre, elle marchait de long en large au fond du baraquement qui résonnait des plaintes des prisonniers malades. Les mourants ne faisaient presque plus de bruit. Les rats cavalaient sur le plancher de bois et bondissaient de lit en lit. Leur baraquement pullulait de vermine.

Un soir, elle sortit. La lune froide et insensible brillait sur les barbelés, la neige souillée et les bâtiments de bois, sur les charrettes surchargées de cadavres. Il faisait un froid de loup. Elle se dirigea vers la clôture pour appeler Anne, lui annoncer la mort de son père.

On lui apprit alors que toute la section, de l'autre côté de la clôture, avait été vidée. Les prisonniers avaient disparu.

Debout près des barbelés, elle prêta l'oreille. Pas un bruit. Où avait-on emmené Anne et Margot Frank ? Il n'y avait plus que le vent, la neige, la puanteur.

Hannah revint dans son baraquement et resta debout près du poêle ; si elle s'allongeait, elle craignait de ne plus jamais se relever. Elle pria.

Lorsqu'on apporta la marmite de soupe, Mme Abrahams lui ordonna :

– Mange !

Par amour pour Gabi, Hannah fit un grand effort et obéit.

Chapitre 25

Hannah comprit qu'elle avait le typhus. Secouée de frissons et de nausées, elle était en proie à une fièvre continuelle. Elle ne tenait pas debout tant la tête lui tournait. Elle avait vu assez de gens mourir du typhus pour savoir que, si pour l'instant son cas n'était pas trop grave, il risquait d'empirer très vite.

En mars, lorsqu'elle avait eu un moment pour voir sa grand-mère, celle-ci lui avait donné une bague de diamants qu'elle avait réussi à cacher jusque-là. À la fin du mois, les forces de la vieille dame l'avaient abandonnée et elle était morte.

Au début d'avril, on leur annonça que le camp tout entier allait être évacué. D'après la rumeur, ils seraient convoyés jusqu'à un autre camp appelé Theresienstadt. On murmurait qu'à Theresienstadt il y avait des chambres à gaz et que les nazis comptaient se débarrasser de tous les prisonniers pour tenter de masquer leurs crimes.

Le jour du départ, on leur ordonna d'emballer leurs affaires. Malgré son état, Hannah obéit. Tout comme Mme Abrahams. Avec les enfants et plusieurs milliers d'autres gens, on les fit marcher jusqu'à une gare dans la boue grise et glacée.

Les hordes de détenus s'alignèrent sur le quai et attendirent. Hannah ne cessait de scruter la foule au cas où Anne et Margot auraient été embarquées, elles aussi. La lune se leva, mais le train n'arrivait pas. Il n'y avait pas le moindre morceau de pain pour apaiser leur terrible faim. Puis la lune disparut.

Il faisait un noir d'encre, sans une seule étoile dans le ciel. Et toujours pas de train. Ils restèrent debout toute la nuit. Hannah ne vit ni Margot ni Anne.

Enfin, à l'aube, le train approcha. Hannah n'en avait jamais vu d'aussi long. Il devait bien y avoir cinquante wagons. Des wagons à bestiaux, pas des wagons de voyageurs. Sauf celui du milieu, rempli de soldats allemands chargés de garder les prisonniers.

Les membres de leur groupe – Mme Abrahams, son mari, leurs sept enfants, Gabi et elle – se cramponnaient les uns aux autres dans l'espoir de rester ensemble. Les SS les poussèrent comme du bétail. Les deux filles furent séparées des Abrahams et durent monter dans un autre wagon. Hannah reconnut alors Mme Finkel, une amie de Mme Abrahams qui avait également sept enfants. La plupart des autres gens entassés avec elles étaient des Hongrois.

Une fois le wagon plein, on ferma la porte coulissante. La seule lumière venait d'une petite ouverture. Ils attendirent très longtemps. Enfin, le train s'ébranla et les roues grincèrent sur les rails.

À travers le trou, ils virent des barbelés, des saules couverts de bourgeons, de vastes champs en friche.

Le train roulait de nuit comme de jour. Il s'arrêtait et repartait souvent. La seule façon pour les prisonniers de s'allonger, c'était de s'empiler les uns sur les autres. La nuit, ils distinguaient des pluies de bombes incendiaires et entendaient des explosions parfois lointaines, parfois très proches ; mais les bombes ne leur faisaient plus peur depuis longtemps.

Tout à coup, le convoi s'arrêta et la porte s'ouvrit. Un soldat portant un fusil Sten hurla :

– Descendez, courez, éloignez-vous du train ! Vite !

Ils étaient en plein champ. Tout le monde sauta du wagon et courut. Des avions volant en rase-mottes les mitraillaient. Les prisonniers se jetèrent à terre en se protégeant la tête. Hannah recouvrit Gabi de son corps. Les gens criaient.

Puis les avions s'éloignèrent. On leur ordonna de revenir dans le train.

Quelqu'un qui ressemblait à Anne se releva, dix mètres plus loin. Elle se retourna ; ce n'était pas Anne, mais une autre fille aux cheveux noirs.

Dès qu'ils furent remontés dans les wagons, on referma les portes et le train s'ébranla.

Chapitre 26

Trois jours durant, le train s'arrêta et repartit ainsi. Il n'y avait rien à manger, pas d'eau, pas d'air, pas de sanitaires. À l'intérieur du wagon plongé dans l'obscurité, l'odeur était pestilentielle. Des hommes, des femmes, aux cheveux et aux sourcils infestés de vermine s'écroulaient sur la paille immonde et mouraient.

À travers l'ouverture, le paysage défilait. Le quatrième jour, les nuages dans le ciel se teintèrent de rouge. Puis le train traversa une très grande ville où les incendies faisaient rage. Tout était bombardé, il ne restait que des ruines.

– C'est Berlin ! cria un homme. Regardez ! La ville est détruite !

Ils apercevaient des Berlinois en haillons, le visage ravagé. Des quartiers entiers n'étaient plus que des tas de gravats. C'était là que Hannah était née en 1928, c'était là que son père avait été ministre-adjoint des Affaires intérieures et Directeur de la presse avant que les nazis n'aient remporté les élections, pris le pouvoir et commencé à persécuter les Juifs.

Ce fut une révélation pour Hannah. « Les Allemands souffrent donc, eux aussi ! pensa-t-elle. Pas uniquement nous. »

Le train roula de nouveau dans la campagne. Puis il s'arrêta et la porte s'ouvrit. Un soldat leur dit :

– Si vous en avez la force, allez au village demander à manger.

Mme Finkel resta avec Gabi et les enfants pendant que Hannah et quelques autres qui tenaient encore sur leurs jambes marchaient jusqu'à une ferme. Ils implorèrent le paysan, qui leur donna des carottes et du pain. Pendant toute leur expédition, Hannah craignait que le train reparte sans eux. Quand elle revint, elle se promit de ne plus jamais laisser Gabi, même si la petite avait le ventre gonflé par la dénutrition. C'était vraiment trop dangereux, et elle était trop faible. À peine réussit-elle à faire quelques pas pour aller boire à un ruisseau.

Quand le train s'arrêta de nouveau, elle refusa de partir en quête de nourriture malgré la faim qui la taraudait. Mme Finkel envoya son fils. Un train transportant des troupes passa au ralenti sur l'autre voie.

Un soldat allemand se pencha par la fenêtre et tendit quelque chose à Gabi. Hannah reconnut un gâteau. Gabi ne savait pas ce que c'était.

– Prends-le, lui dit Hannah. Et mange-le.

Hannah leva les yeux vers le soldat. C'était le premier visage allemand bienveillant qu'elle croisait depuis des années. Gabi mordit dans le gâteau. Voyant son expression extasiée, Hannah faillit tomber à genoux devant le soldat pour le remercier avant que le train ne s'éloigne.

On leur intima l'ordre de remonter rapidement dans les wagons. Mme Finkel, anxieuse, guettait le retour de son fils. Soudain, elle le vit arriver en courant.

– Attendez ! cria-t-elle aux soldats qui s'apprêtaient à refermer la porte. Je vous en prie !

Mais ils ne l'écoutèrent pas et le train s'ébranla, tandis que Mme Finkel martelait les parois en hurlant.

Quand le train s'arrêta encore, des heures plus tard, Hannah comprit que, s'ils ne mangeaient pas, ils mourraient. Elle sortit la bague de sa grand-mère, qu'elle avait enfouie au fond de son sac à dos. Une bague en or avec des diamants. D'autres prisonniers possédaient également des objets de valeur qu'ils avaient réussi à cacher. Tous avaient conscience que, désormais, leur temps était compté.

Hannah rassembla six bagues et s'approcha d'un soldat allemand en lui expliquant qu'il leur fallait quelque chose à manger. Elle les lui montra.

Il s'empara des bagues et lui donna en échange un lapin qui venait d'être tué. Une des femmes le fit cuire sur un feu de fortune et ils le partagèrent. Hannah conseilla à Gabi de mâcher lentement. Elle se demandait d'où viendrait leur prochain repas.

Pendant dix jours d'affilée, le train roula. Ils étaient à bout de résistance. Hannah somnolait en permanence. Ses yeux larmoyaient, elle était brûlante de fièvre et secouée de frissons.

Elle n'avait qu'une envie, se laisser glisser dans l'inconscience. Mais elle résistait à cause de Gabi.

Près d'elles, était couché un Hongrois très malade dont les vêtements grouillaient de poux. Voulant jeter le contenu du seau hygiénique par le trou, il passa son bras au-dessus de la couverture de Hannah. Le seau bascula, répandant une partie de son contenu.

Hannah devint hystérique. Elle qui s'était donné tant de mal pour garder propre leur unique couverture, elle qui avait toujours réussi à se contrôler, cette fois, elle perdit la maîtrise de ses nerfs.

Quand ses hurlements se calmèrent enfin, elle céda au besoin irrépressible de fermer les yeux.

Chapitre 27

Lorsque Hannah reprit conscience, le train était arrêté, la porte ouverte. À part les moribonds et les cadavres qui gisaient sur le sol immonde du wagon, tout le monde était dehors, dans un champ. Gabi n'était plus là non plus.

Hannah se mit péniblement debout et s'approcha de la porte. Quelqu'un lui cria :

– T'as raté quelque chose !

Qu'est-ce qu'elle avait raté ?

– Les Allemands se sont rendus ! On les a vus déguerpir en agitant des drapeaux blancs !

Il n'y avait plus aucun soldat nulle part, plus le moindre uniforme allemand à l'horizon. Hannah réussit à descendre. Elle retrouva Mme Finkel, assise dans le champ avec ses enfants et Gabi. Mme Finkel était si malade qu'elle refusait d'aller plus loin. Elle avait décidé d'attendre les secours ici même, entourée des enfants qui lui restaient.

Hannah ne réagit pas à ces nouvelles, l'esprit trop embrumé.

Malgré leur épuisement, elle et Gabi partirent en quête de nourriture et d'un abri en compagnie d'une jeune femme qui s'appelait Mme Heilbut, de son fils et de quelques autres personnes. Ils traversèrent un village du nom de Tröbitz, où ils ne trouvèrent aucune maison vide. Ils marchèrent encore trois kilomètres jusqu'à Schilda. Là, en voyant des drapeaux blancs et des draps pendus aux fenêtres, ils comprirent que le village s'était rendu. Les Alliés avaient vaincu les Allemands ! Ce fut dans ce village que Hannah rencontra l'armée russe, victorieuse. Des soldats sales, exténués, qui s'étaient battus comme des lions pour les libérer.

L'un d'eux leur dit de s'installer dans les habitations des nazis. Leur groupe dépenaillé finit par dénicher une maison inoccupée. À l'intérieur, ils trouvèrent des pommes de terre et de la confiture.

Mme Heilbut leur conseilla de faire très attention. Il fallait manger très peu et très lentement, parce qu'ils étaient dans un état de dénutrition avancé. Sinon, c'était la mort assurée. Quelle horreur de mourir au moment où ils étaient enfin libres !

Mme Heilbut emmena Hannah dans le jardin et lui montra un fouillis d'herbes hautes.

– Cueille ça. Ça nous servira de légumes.

Hannah s'enfonça dans le taillis et ramassa des orties, que Mme Heilbut fit cuire dans une casserole. Malgré l'envie qu'elle avait de se jeter sur la nourriture, Hannah s'efforça de n'avaler que de toutes petites bouchées de confiture, de pommes de terre et d'orties. Mme Heilbut, qui avait perdu toutes ses dents, mâchait avec difficulté.

La maison où ils s'étaient installés appartenait au maire du village. Hannah alla visiter une des chambres. Dans l'armoire, elle trouva une robe à sa taille. Une fille de son âge avait dû habiter là.

C'était une robe d'hiver, en lainage sombre. Elle l'enfila et jeta sa vieille défroque. À l'arrière de la maison, elle se débarrassa de tous leurs vêtements, qui n'étaient plus que des haillons crasseux.

Ce soir-là, Hannah se glissa dans le lit de la fille. Elle se pelotonna sous l'épais édredon de plumes, c'était chaud et doux. La guerre était vraiment terminée. Cela lui semblait magique d'être de nouveau couchée au chaud. En levant les yeux, elle aperçut une tenture vert clair accrochée au mur, à côté du lit. Au centre, était cousue une swastika d'un vert plus foncé. Manifestement, cette maison avait appartenu à des nazis.

Hannah se tourna de l'autre côté et s'endormit pour sa première nuit de liberté.

Chapitre 28

– Comment vous appelez-vous ? l'interrogea un soldat allié.

– Hannah Elizabeth Goslar.

– Et elle ?

– C'est ma sœur Gabi.

– Quel âge avez-vous ?

– Seize ans.

– Et votre sœur ?

– Ma sœur est née le 25 octobre 1940. Elle a quatre ans et demi.

Hannah déclara qu'elles étaient néerlandaises et qu'on les avait arrêtées chez elles, à Amsterdam. Elle ne voulait pas dire qu'elle était née en Allemagne. Elle avait honte d'être allemande. Avait-elle une idée de l'endroit où pouvaient se trouver d'autres membres de sa famille ? voulut savoir le soldat. Elle répondit qu'il ne restait qu'elles deux. Les autres étaient morts, elles n'avaient plus personne.

Partout, des morts attendaient d'être enterrés, dissimulés sous des couvertures. Hannah demanda si on avait des nouvelles d'une Mme Abrahams qui faisait partie de leur convoi. Le soldat parcourut du doigt une liste de noms : Mme Abrahams, son mari et un de leur fils étaient morts quelques jours après la libération des camps.

Hannah en fut bouleversée. Anne ou Margot Frank figuraient-elles sur une des listes ? Non. Le soldat pria ensuite Hannah et les autres de se rendre au village et leur distribua des cartes de rationnement.

Dans une boutique, on leur donna des saucisses, du pain et du lait. Un seul regard sur leurs silhouettes décharnées suffisait aux soldats alliés pour comprendre d'où ils venaient.

– Mangez très peu à la fois ! Et mangez lentement surtout ! leur recommandait-on.

Dans un village voisin, des survivants avaient découvert dans des fermes d'importantes réserves de nourriture ; ils s'étaient gavés et plusieurs étaient morts de diarrhée.

Quelques semaines plus tard, un soldat leur demanda de se présenter au village le lendemain matin à huit heures avec leurs affaires.

Ce qu'ils firent.

Des camionnettes militaires transportèrent Mme Heilbut, son fils, Hannah et Gabi ainsi que d'autres rescapés à travers l'Allemagne en cendres. Ils passèrent dans des villages brûlés et bombardés, croisèrent des civils allemands misérables.

Les véhicules atteignirent Leipzig. Le groupe de Hannah fut abrité dans une école pendant plusieurs jours. On y avait monté des lits de camp et des cuisines de fortune. Ils furent rejoints par des survivants de Bergen-Belsen ou d'ailleurs. Hannah surveillait attentivement les arrivées, au cas où Anne, Margot ou n'importe qui de sa connaissance ferait partie de l'un de ces groupes.

Trois jours plus tard, elles montèrent dans un magnifique train de la Croix Rouge.

Il roulait lentement parce que les rails étaient en piteux état. Le personnel de la Croix Rouge leur servit des œufs au bacon ou au jambon. « C'est sans doute ma dernière chance de goûter du porc », songea Hannah devant son assiette d'œufs au bacon. Elle avait toujours mangé kasher. Elle piqua un petit morceau de viande rose au bout de sa fourchette. Ce n'était pas très bon. À côté d'elle, quelqu'un mangeait des œufs au jambon. Elle se demanda si ça lui plairait davantage.

Au bout de plusieurs jours, le train s'arrêta dans une gare. Maastricht, annonçaient les panneaux. Elle expliqua à Gabi qu'elles avaient atteint la frontière des Pays-Bas, mais Gabi regarda par la fenêtre sans comprendre.

« Nous n'avons plus de foyer, pensa Hannah, notre famille n'existe plus. »

On voyait des maisons dont les escaliers s'arrêtaient à mi-course parce que les gens avaient utilisé le bois comme combustible. Des silhouettes solitaires roulaient sur des bicyclettes noires presque hors d'usage. Le peuple hollandais paraissait à bout. Lui aussi, il avait souffert de la faim.

On emmena Hannah et ses compagnons dans un vieux château. En remontant la route jusqu'à l'entrée, ils croisèrent un groupe de Hollandais bien nourris qui, eux, quittaient le château sous la garde de soldats américains et canadiens. Hannah voulut savoir qui étaient ces gens. On lui répondit qu'il s'agissait de nazis hollandais qui avaient collaboré avec les nazis allemands. Ils partaient pour être jugés.

Hannah examina avec attention le groupe qui avançait sous bonne escorte. Des hommes et des femmes ordinaires. Le fils de Mme Heilbut cracha par la fenêtre à leur passage.

Au château, on leur distribua des vêtements propres qui sentaient bon le savon. Puis on leur donna des chaussures. Des chaussures qui sentaient le vrai cuir. Deux odeurs enivrantes.

On les emmena ensuite passer une visite médicale. Quand ce fut le tour de Hannah, le docteur l'examina de la tête aux pieds. Il lui apprit qu'elle avait les poumons malades.

– Il va falloir aller directement à l'hôpital, puis nous vous enverrons dans un sanatorium.

– Je ne peux pas..., commença Hannah, mais Mme Heilbut déclara qu'elle ferait mieux d'obéir.

Elle garderait Gabi.

Le 1er juillet, Hannah dit au revoir à sa petite sœur et partit pour l'hôpital de Maastricht. Une religieuse catholique vêtue d'un ample habit blanc l'attendait à la porte. Hannah se sentit soudain mal à l'aise : la bonne sœur paraissait d'une sévérité d'un autre âge. Mais elle lui sourit avec gentillesse et Hannah se laissa conduire jusqu'à un lit garni de draps frais.

Chapitre 29

Hannah resta de longs mois à l'hôpital.

Un jour, une religieuse lui annonça qu'elle avait une visite. Grâce à des gens généreux qui avaient fait des dons de vêtements, tous les patients étaient habillés correctement. Ce jour-là, Hannah portait une robe fraîchement repassée qui montrait combien sa silhouette avait changé au cours des derniers mois ; ses jambes s'étaient galbées et allongées et elle avait retrouvé sa chevelure brillante.

Derrière la religieuse, il y avait Otto Frank, le père d'Anne.

Hannah n'en croyait pas ses yeux.

– Vos filles sont vivantes ! s'écria-t-elle.

Le visage d'Otto Frank devint couleur de cendre.

Hannah lui apprit qu'elle avait parlé avec Anne à Bergen-Belsen peu avant de quitter le camp. Anne tenait encore le coup même si Margot était très malade.

Calmement, il raconta à son tour qu'il avait longtemps gardé espoir. Mais il avait reçu une lettre d'une femme qui avait connu ses filles à Bergen-Belsen : Anne et Margot n'avaient pas survécu.

Ils s'assirent l'un près de l'autre.

« C'est tellement injuste », pensa Hannah. Il ne restait plus que quelques semaines avant la fin de la guerre quand elles s'étaient parlé. Si Anne avait su que son père était vivant, elle aurait trouvé la force de résister jusqu'à la libération du camp, Hannah en était certaine.

M. Frank lui dit qu'il avait lu son nom sur une liste de survivants. Il avait également vu Jacque à Amsterdam, elle allait bien. Il n'avait aucune nouvelle d'Ilse ni de Sanne ; ils savaient seulement qu'elles avaient été déportées. Il lui avait fallu huit heures pour aller d'Amsterdam à Maastricht au lieu d'une heure et demie par le passé, tant l'état des transports était désastreux.

En septembre, Hannah était encore très malade. On la transféra de l'hôpital de Maastricht au Joodse Invalide Hospital d'Amsterdam. Ce grand bâtiment appartenait aux Juifs de la ville. Les nazis le leur avaient confisqué, mais ils l'avaient récupéré après la guerre.

Certains étages étaient réservés aux patients, d'autres aux orphelins.

Elle revit la famille Heilbut. Gabi était dans un orphelinat tout proche et se remettait bien. Jacque lui rendit visite ; ainsi que Let Swillens, une amie de l'école, qui lui apporta des photos dont une du dernier anniversaire d'Anne Frank.

Mme Goudsmit vint également. Elle lui remit un album de photos qu'elle avait récupéré chez les Goslar et soigneusement conservé. Pour Hannah, c'était un cadeau inestimable. Elle remercia aussi leur voisine pour le livre sur Florence Nightingale qu'elle lui avait envoyé au camp de Westerbork.

Elle était encore trop mal portante pour se rendre dans son ancien quartier. De toute façon, elle n'en avait guère envie. On lui avait dit qu'après leur départ en déportation les Allemands avaient raflé tous leurs biens pour les envoyer en Allemagne. Des gens s'étaient installés dans leur appartement. La guerre était terminée, mais ils étaient toujours là.

Elle apprit qu'Alfred Bloch avait été déporté au camp de Mauthausen et qu'on n'avait plus jamais entendu parler de lui. Sanne et Ilse, comme Anne, Margot et Mme Frank, n'étaient pas revenues, elles non plus. Chaque jour qui passait, la liste des victimes assassinées s'allongeait.

M. Frank lui rendait souvent visite. Lorsque Hannah venait dîner chez eux avant la guerre, Anne et elle aimaient le regarder verser la bière dans son verre. Elles retenaient leur souffle dans l'espoir que la mousse déborde, mais cela ne se produisait jamais. Quand ils évoquaient ces moments-là, les joues de M. Frank s'empourpraient d'émotion.

L'état de santé de Hannah exigeait une longue convalescence. M. Frank se débrouilla pour la faire admettre dans un sanatorium en Suisse. Comme leur oncle, l'unique membre survivant de la famille, vivait là-bas, il était possible d'obtenir des papiers pour Gabi et elle.

Chapitre 30

Le 12 novembre 1945, Hanneli eut dix-sept ans.

Le 5 décembre, M. Frank vint la chercher en taxi. Sur le chemin de l'aéroport, ils s'arrêtèrent à l'orphelinat pour récupérer Gabi et deux petites filles qui devaient rejoindre leur tante en Suisse. Hannah n'avait jamais pris l'avion, mais elle n'avait pas peur. Elle était plutôt curieuse de savoir l'effet que cela faisait de voler en plein ciel.

Le petit avion était sur la piste. En attendant l'embarquement, M. Frank tendit aux enfants une chaîne ornée d'une pièce hollandaise. Il leur passa ce collier autour du cou. D'un côté était gravé le visage de la reine. De l'autre, la date de leur voyage : 5 décembre 1945.

M. Frank et Hannah évoquèrent encore des souvenirs : lorsqu'Anne et elle étaient petites, elles étaient aussi bavardes l'une que l'autre, mais c'était toujours

Anne la rebelle qui se faisait disputer, jamais la docile Hanneli, si douce et si obéissante. Anne affirmait que Hanneli se montrait timide avec les étrangers, mais pleine d'audace vis-à-vis de ses proches. Anne connaissait Hannah mieux que personne et adorait la taquiner.

M. Frank raconta à Hannah que, dans leur cachette, Anne parlait souvent d'elle. Elle regrettait de n'avoir pu lui dire au revoir, de ne pas avoir réglé leurs petits différends avant de disparaître. Hannah était la plus vieille amie d'Anne, et il espérait qu'elle et lui resteraient proches et ne se perdraient jamais de vue. Il souhaitait être pour elle un second père.

Hannah aurait aimé connaître les pensées secrètes d'Anne à son sujet, à cette époque où elle avait tout le temps de réfléchir. Mais comment entrer dans la tête d'Anne ? Comment savoir si Anne lui avait pardonné leur brouille ? Pourrait-elle jamais devenir aussi proche de quelqu'un que de son amie ? Hannah avait déjà dix-sept ans, elle était presque une adulte et Anne – pour l'éternité – resterait une petite fille.

M. Frank escorta Hannah et les enfants jusqu'à l'avion. Il leur souhaita bon voyage. Il attendit sur la piste pendant qu'on remontait la passerelle. Hannah installa les petites filles dans leurs sièges et plaça Gabi à côté d'elle. Les moteurs rugirent et l'hélice tourna. L'avion se mit à rouler. Par le hublot, elle vit M. Frank, tout seul, qui leur faisait des signes. Puis l'avion prit de la vitesse et Hannah se rendit soudain compte qu'il avait décollé.

L'excitation lui serra le ventre. Elle prit la main de Gabi. La terre s'éloignait. On voyait des toits rouges, des champs verts et bruns rayés de rubans d'eau. Des canaux. Un alignement d'ormes. La campagne hollandaise. Les clochers des églises dans les petits villages, les maisons aux toits de chaume, les murs de brique rouge. L'avion vira, et au loin, on distingua la côte irrégulière, la mer du Nord vert foncé. Des bateaux. La tache orange du coucher de soleil.

Dans la valise de Hannah, il y avait l'album de photos que Maya Goudsmit avait récupéré dans l'appartement familial après leur arrestation. C'était tout ce qui lui restait de son passé, des souvenirs préservés grâce à un acte de bonté. Sur les premiers clichés, ses parents souriaient ; ils étaient jeunes, ils venaient de se marier. Il y avait également des photos de ses grands-parents, de son oncle...

Il y avait des photos d'elle lorsqu'elle était bébé à Berlin, avant qu'Adolf Hitler ne soit élu en 1933.

Il y avait des photos d'Amsterdam, une photo d'Anne et de Hannah sur le trottoir devant l'appartement de Merwedeplein. À l'âge de quatre ans. C'était l'époque où M. Frank emmenait souvent les deux filles à son bureau le dimanche.

Dans la grande pièce, elles s'appelaient mutuellement au téléphone, jouaient avec un tampon dateur, mettaient du papier dans la machine à écrire et s'écrivaient des lettres. Elles lançaient de l'eau sur les gens qui passaient dans la rue. C'était tellement amusant de faire des bêtises avec Anne !

Tandis qu'elles jouaient, la cloche limpide de l'église de Westerkerk, un peu plus loin dans la rue, sonnait les quarts d'heure.

C'était dans ce même bureau que, plus tard, Anne se cacherait durant deux longues années.

Une photo montrait cinq petites filles de l'école assises dans un bac à sable. Hannah avait un gros nœud dans les cheveux, Anne les genoux cagneux. L'année, 1937.

Sur une autre, neuf filles se tenaient par les épaules, 1939.

Il y en avait une de Hannah avec M. Goslar, 1935, et une autre de Mme Goslar.

Et une autre encore d'une maison au toit de chaume, au bord de la mer du Nord. Les Goslar y louaient des chambres l'été et ils emmenaient Anne. Il y avait beaucoup de clichés de Gabi et de Hannah. Gabi était née au moment où l'armée allemande avait attaqué et envahi les Pays-Bas, en 1940. Toutes ces photos témoignaient que les nazis ne les avaient pas complètement empêchés de vivre.

Hannah et Anne avaient poussé le landau de Gabi, fières d'être autorisées à la promener dans les rues du quartier bordé par l'Amstel, la rivière d'Amsterdam. Elles prétendaient que Gabi était leur bébé, elles la poussaient à tour de rôle et parfois toutes les deux en même temps. Au cours de ces promenades, elles tenaient toujours la même conversation.

Hannah se souvenait clairement de chaque mot :

– Combien d'enfants tu veux ? demandait Anne.

– J'en veux dix, répondait Hannah. Et toi ?

– Je ne sais pas, mais j'ai l'intention de devenir écrivain.

– Je sais. Et Margot veut devenir infirmière en Palestine.

– Oui. Et toi, tu veux vendre des chocolats dans une boutique ou enseigner l'histoire. C'est ça ?

– Oui.

Un jour, tandis qu'elles se promenaient dans l'allée du parc plantée d'ormes, Gabi s'était endormie. Elles avaient décidé de s'asseoir un petit moment. Elles s'étaient alors dirigées vers un banc, mais en s'approchant elles avaient vu un panneau : INTERDIT AUX JUIFS.

Mais pourquoi ? Qu'est-ce qu'elles avaient fait ? Dès cet instant, ce fut comme si les nazis leur avaient déclaré personnellement la guerre. Déconcertées, prises de colère devant cette injustice, elles avaient quitté le parc et n'y étaient plus jamais retournées.

Alors que tant de gens n'avaient pas survécu, les photographies étaient à l'abri dans sa valise. Les souvenirs pouvaient se brouiller, les photos resteraient.

La terre s'éloigna encore davantage tandis que l'avion virait pour monter à l'assaut des nuages hollandais chargés de pluie. Les petits hublots se strièrent de gouttes argentées. L'avion tangua en traversant les épaisses nuées sombres. Il leur fallut un bon moment pour sortir de la tempête.

La nuit était tombée. À l'extérieur, au milieu des bouquets d'étoiles, la constellation de la Petite Ourse, telle un cerf-volant à l'envers, comptait ses sept étoiles clignotantes. Pour Hannah, quatre d'entre elles portaient un nom : Sanne, Ilse, Jacque et Hannah. À l'extrémité de la queue, l'Étoile Polaire brillait si fort que les premiers navigateurs l'utilisaient autrefois pour se repérer dans l'obscurité. Cette étoile-là, c'était Anne.

Tandis que Hanneli volait vers la Suisse, les constellations s'élevaient lentement, traversant majestueusement les cieux pour l'éternité.

Note de l'auteur

En 1993, j'ai rencontré Hannah Elizabeth Pick-Goslar à Jérusalem, en Israël. Nous avons passé de longues heures ensemble, au cours desquelles elle m'a raconté les souvenirs de son amitié d'enfance à Amsterdam, aux Pays-Bas, avec Anneliese Marie. De quatre à treize ans, Hannah et Anneliese ont vécu dans des appartements voisins, jusqu'à ce que la Deuxième Guerre mondiale frappe les Pays-Bas. Un jour, sans que rien ne le laisse prévoir, Anneliese et sa famille ont abandonné tous leurs biens, demandé à leur locataire de nourrir le chat et disparu sans laisser d'adresse.

Hannah Goslar m'a autorisée à raconter les souvenirs de son amitié avec Anneliese et de ses épreuves durant la guerre. L'évocation de ce passé particulièrement douloureux était une telle souffrance pour Hannah que les souvenirs lui échappaient. Je me suis efforcée de rendre ici ses paroles et le récit des événements qu'elle avait gardés en mémoire, avec le plus de précision possible.

Cette histoire d'amitié est en bien des points bouleversante. D'une part parce que l'amie de Hannah, Anneliese, est morte, prisonnière dans un camp de concentration, terrassée par la faim et la maladie. La guerre s'est terminée quelques semaines plus tard… Il est d'autre part bouleversant qu'Anneliese, qu'on surnommait Anne, ne fût autre qu'Anne Frank, dont le journal demeure l'un des documents les plus importants de toute la guerre.

Lorsqu'on a retrouvé et publié le journal d'Anne Frank en 1947, aux Pays-Bas, beaucoup de noms ont été changés afin de protéger la vie privée de ceux dont il parlait. Ainsi Hannah Elizabeth Goslar y apparaît sous le prénom de « Hanneli » ou « Lies ».

Une fois l'Allemagne nazie vaincue, les Pays-Bas ont été libérés. En 1947, Hannah a émigré en Israël, où elle est devenue infirmière et a épousé le docteur Walter Pinchas. Ils ont eu trois enfants et une dizaine de petits-enfants.

Otto Frank, le père d'Anne, fut le seul membre de la famille Frank à survivre à la guerre. Il a envoyé à Hannah Goslar un des premiers exemplaires du journal d'Anne dès sa parution. Est-il possible d'imaginer les impressions de Hannah lorsqu'elle lut ce qu'Anne avait écrit du fond de sa cachette à la date du 27 novembre 1943, quand elle raconte avec des détails poignants un de ses rêves au sujet de Hannah ? Ce rêve est tellement prophétique qu'il en est presque surnaturel ; on y découvre l'inquiétude et la tendresse d'Anne à l'égard de Hannah, sa plus vieille amie d'enfance.

Comme n'importe quelles petites filles, Anne et Hannah riaient en classe et se chuchotaient des secrets. Mais, Anne a rédigé ce journal extraordinaire durant les années où elle se cachait avec sa famille pour échapper aux Allemands. Miep Gies, l'employée de M. Frank qui a risqué sa vie pour eux, l'a mis à l'abri après leur arrestation.

Anne et Hannah ont supporté avec courage les brutalités et les souffrances. Cette époque tragique a révélé les qualités de ces deux jeunes filles, dont l'amitié et la jeunesse ont été brutalement interrompues. Anne est morte juste avant son seizième anniversaire et Hannah avait déjà seize ans lorsque les Allemands ont été vaincus. Elle ne doit qu'à la chance d'avoir survécu.

Rien ne peut expliquer comment ces jeunes filles ont trouvé la force d'endurer d'aussi grandes souffrances et un désespoir absolu ; ni ce qui a donné à Anne Frank un tel talent et une telle capacité d'émouvoir ses lecteurs.

Alors qu'elle se terrait dans sa cachette depuis deux ans, le 15 juillet 1944, Anne écrivit que, même si autour d'elle il n'y avait que destruction et malheur, elle croyait avec ferveur que la paix mondiale succéderait à la guerre mondiale.

Anne avait raison. Mais Anne et la quasi-totalité de sa famille ont péri dans des circonstances tragiques, de même que celle de Hannah.

Le journal d'Anne demeure et le calvaire que les Juifs ont subi nous hantera à jamais.

FIN

Dans la même collection

MICHEL AMELIN
La momie décapitée, N° 120

PASCAL BASSET-CHERCOT
Morgane, N° 140

HUBERT BEN KEMOUN
Un cadeau d'enfer, N° 113

PATRICIA BERREBY
ET CHRISTOPHE NICOLAS
L'emm@ileur, N° 155

BÉATRICE BOTTET
La fille du pirate, N° 149

JÉRÔME BOURGINE
L'œuf de cristal, N° 146

MARYSE CONDÉ
Rêves amers, N° 119

HORTENSE CORTEX
Garçon manqué, N° 122

JEAN-MARIE DEFOSSEZ
Aïninak, N° 145

MARIE-HÉLÈNE DELVAL
Les chats, N° 160

MARIE DESPLECHIN
Copie double, N° 101
Les confidences d'Ottilia, N° 117
Ma vie d'artiste, N° 138
Dis-moi tout, N° 150

RÉGINE DETAMBEL
Écoute-moi ! N° 110
Jalouse, N° 142

D. DOYLE ET J. D. MACDONALD
Le cercle magique
Randal, l'apprenti sorcier, N° 151
Le secret de la tour, N° 154
Le pouvoir de la statuette, N° 157
Danger au palais, N° 158

IRINA DROZD
Un tueur à ma porte, N° 103
Le garçon qui se taisait, N° 107

MALIKA FERDJOUKH
La fille d'en face, N° 129

RENÉ FRÉGNI
La nuit de l'évasion, N° 118

ALAIN GERBER
Le roi du jazz, N° 127

LAURENCE GILLOT
Coup de foudre, N° 112

ALISON LESLIE GOLD
Mon amie Anne Frank, N° 164

Impression réalisée sur CAMERON par

BRODARD & TAUPIN

GROUPE CPI

La Flèche
en mai 2005

Imprimé en France
N° d'impression : 30048